普行法師全集 5

大乘止觀法門啟蒙

南嶽大師傳佛慧燈，對利根人的曲授心要，
於第一義諦無名相中，假名相說，
以明止觀雙行、性修不二、寂照同時。
詮理既極，仍歸第一義諦，雖說而實無所說。

普行法師 著

鄭序

蓋聞吾國在南北朝時代（西元四二〇—五八一）之佛教，一方面，研究經論之風頗盛。如：維摩也、勝鬘也、法華也、涅槃也，教相判釋之聲，甚囂塵上；阿毘曇也、成實也、十地也、攝大乘也，與夫八識、九識之論諍紛然。結果支離滅裂，空耗歲月，而於徹悟本源心性之實際觀法，反而幾乎遺忘。另一方面，偏於參禪之闇證禪師，只知終日兀坐，置經論於高閣，對教相則陷於漆黑一團，茫無所知。我祖天臺，察雙方弊風：前如有眼無足之蹇者，所謂「有教無觀則罔」。後如有足無眼之盲人，所謂「有觀無教則殆」。唯有教、觀二門具足，方為純正佛教之修學宗旨。然而，綜觀大乘八宗，其能「教觀雙美」者，則唯我宗（天臺）獨具焉。

嘗考臺宗定、慧雙開之止觀法門，實以「大乘止觀」開其先河。若索其源，則畧如慈雲遵式序謂：『自鶴林韜光授大迦葉，迦葉授之阿難。阿難而下，燈燈相屬，至第十一馬鳴。鳴授龍樹，樹以此法寄於「中觀論」

。論度東夏，慧文禪師解之而授南嶽大師。南嶽從而照心復性，出此數萬言，目為「大乘止觀」。』追智者大師謁思祖而承其衣鉢，復作「摩訶止觀」，義益豐，文益富，開「今師相承」之門，與以法華為「金口相承」之門並稱。可知「大乘止觀」在佛學上之地位矣。

原夫，大乘止觀之為書也，以如來藏緣起為基礎，建立真妄和合之本識，與性具染淨二性，互為表裏之中心體系。最後展開「三性三無性」修學止觀之程序，達到轉迷為悟，返妄歸真之目的。若就文學方面觀之，誠如昔人所云：「義括始終而不繁，理析毫芒而不瑣。蓋東土撰述所未有焉。」

惜乎！大道東行，浮於扶桑者，逮五百載。我大宋真宗咸平三年（西元一〇〇〇），始由日本圓通大師負笈歸趙。玉珠明於大夜，龍燭照於長昏。暢其鴻頤者，乃樹正之司南；控其宏綱者，誠破邪之逐北。及宋徽宗宣和三年（西元一一二一），了然大師依之作「宗圓記」。明之藕益大師，窮源攀木而述為「釋要」。民國之諦閑長老，道承臺統，以時言演成「述記」。詎知！此「十方諸佛返妄歸真之要術，歷代祖師明心見性之秘典」（見諦老序），降至目前，其學不傳，其書將泯。夫今日建毘尼之道場者夥矣，而不知此書中所示「息妄歸真，攀緣永寂。」等語，為尸羅之先決。求禪定者又多矣，而未知「以靜訓止，止其動也；因明教觀，觀其昏也。」（見慈雲遵式序），卽定慧之全貌。盲人摸象，窮子忘寶，戲論不滅，至道不彰，其在斯學之未明歟!?

普行上人者，雖染以還，刻意剪邪，建言衛教，其翼贊教乘者，不知幾千萬言。近復溫思祖舊作，融貫了然、藕益、諦閑諸先德之妙釋，發其幽微，掘其堅深，彌綸補遺而成「大乘止觀啓蒙」，使不解者解，難行者行；愚蒙之徒，不致隨濁流而沉迷，誤邪說為正論。殺青之日，以示不才，拜讀之餘，不禁稱嘆！斯乃趨寶山之帝輦，出朽宅之王軒，頓忘譾陋，敬為之序。

中華民國六十六年臺灣光復節天台白衣鄭壽彭敬序於卜居之雙修樓

自序

自世尊鶴林付法，而迦葉、而阿難，乃至龍樹大士寄言於中論謂：「因緣所生法，我說卽是空，亦名為假名，亦名中道義。」復東度華夏，為獨步河淮的慧文禪師覽之而頓悟心觀。慧文口授南嶽，南嶽大師因之得六根清淨，著大乘止觀法門，再傳天台。天台智者大師奉之為一家教觀，三諦相卽，絕待圓融的基本原理。這就是天台宗所以為諸宗之冠，智者大師被譽為東方釋迦的由來。

審此書實為南嶽大師傳佛慧燈，對利根人的曲授心要，於第一義諦無名相中，假名相說，以明止觀雙行、性修不二、寂照同時。詮理旣極，仍歸第一義諦，雖說而實無所說。尤其在簡別邪正、遣蕩疑執、設喻顯理方面，無不旁徵博引，深究經論，條分縷析，游刃肯綮。使行人咸知欲達寶所，唯乘此乘。惜此書自韜晦海外，圓通東返以來，雖有歷代聖僧為之註釋弘揚，如了然大師的宗圓記、蕅益大師的釋要、諦閑長老的述記等；然時至今日，人根漸鈍，大法難投，誠如靈峯大師所謂：「習台宗者，尚多逐流而迷源；稟異傳者，寧知探本而攝末。」不寧唯是，更有一類愚不可及的增上慢人，既不知假名相說的方便為方便；又怎知第一義諦的真實為真實。既不知非有之有的妙有，無一法可立；又怎知非空之空的真空，因果歷然。至若對常同常別，不一不異的無礙圓融；性染性淨，在障出障的無差之差；那更如見駝峯而驚為怪馬，聞雷音而掩耳駭走了！於是橫起疑謗，侵毀宗乘，罔顧師法，目無佛僧。直欲奮螳臂以當車，效蚍蜉之撼樹。這能不使有識之士為之齒冷嗎？法華經云：「我法妙難思，諸增上慢人，聞必不敬信。」又云：「破法不信故，墜於三惡道。」豈但齒冷，亦復可悲！

老朽不敏，三學都荒，惟飢望王膳，渴仰醍醐，是以不揣固陋，述為啓蒙，旨在助揚妙宗，黜斥疑謗，俾此大乘止觀法門的傳燈不絕，饒益有情；並作備忘，便自討究。庶幾，無忝於沙門之行也歟。

儒謂「人能弘道，非道弘人。」佛說「六度」以布施為第一。周慶光居士，雖儒猶佛，嘗為中華學術院主編「中華大典」，收各家佛學著述，蔚成典籍；並分贈各方學人，得乘此寶筏，渡生死迷流，登涅槃覺岸。論檀德，這在戾氣彌漫於神州大陸，使聖教蒙受空前法難的今日，可謂一支救度衆生，翊贊中興的異軍突起了！予前述「法華經易解」付梓問世，慶光居士曾來信表示，頗以版本樣式不合，未能編列「中華大典」為憾；並提供樣本楷式，相約來時。故今復述此「止觀啓蒙」，慶光居士又來信重申前約，並由該院佛學研究所奉獻印費三千元，以表誠信。夫善與人同，法無偏私，除依約成就其檀施功德外，特敘此勝緣，以存史實。

中華民國六十六年九月釋普行識於臺灣田中鼓山寺

大乘止觀法門分科表

科目　頁

大乘止觀法門啟蒙

釋普行述

△今釋此部，判為二分：甲一總釋名題。分二：乙一釋法題。

大乘止觀法門。

大概經書立名，不外以人、法、喻三詞，單複開合為七種的範圍：⑴單人，如佛說阿彌陀。⑵單法，如大涅槃。⑶單喻，如梵網。⑷人法複合，如地藏菩薩本願。⑸人喻複合，如如來獅子吼。⑹法喻複合，如妙法蓮華。⑺人法喻合，如大方廣佛華嚴。此部題名「大乘止觀法門」是單以法立，人喻都無。玆依大乘、止觀法門，次第別釋，再次合釋。

「大乘」就是人人本具，個個不無的現前一念心性，亦即本部所謂的「自性清淨心」今先釋「大」義：這裡所謂的「大」，乃絕待無外，與一往通途「對小言大」的解釋不同。何謂絕待？以空間而論，橫徧十虛，不為內外方隅所局；以時間而論，豎窮三際，亦無前後始終為限；這就叫做絕待。問：一切法無非由彼此相待而得名，如：有、空相待而名有、名空；假、實相待而名假、名實；涅槃待生死而名為涅槃；菩提待煩惱而名為菩提；今「大」既絕待，名何以立？答：心體絕待，固無一法可立，但爲言詮方便，亦得假名爲「大」。「大」有三義：⑴體大：此心之體，眞如平等，在聖不增，在凡不減。⑵相大：此心之相，隨緣不變，法爾具足大智大悲的無量功德。⑶用大：此心之用，不變隨緣，出生世、出世間十界因果。然大旣絕待，三卽非三，何則？體卽相、用之體，除體別無相、用；相卽體、用之相，除相別無體、用；用卽體、相之用，除用別無體、相。這不就是絕待嗎？上來釋「大」義竟，次釋「乘」義：

「乘」是喩詞，乃取車乘有運載之義，以喩自性情淨心，能不變隨緣，運載行人從因地到達果地，故名爲「乘」。「乘」有三義：⑴性具三大，叫做「理乘」。⑵悟達三大，隨順修行，叫做「隨乘」。⑶契合三大，從因剋果，叫做「得乘」。所以起信論釋謂：「一切諸佛本所乘故，一切菩薩皆乘此法到如來地故。」上來別釋大、乘義竟。向下合釋。

法華經假設方便，以羊、鹿、牛三車喩聲聞、緣覺、菩薩三乘，誘導衆生出離三界火宅。然此三乘，聲聞、緣覺，悟我空理，自了生死，固不得謂爲大乘；就是菩薩悟我、法二空，自度度他，雖名大乘，亦不得謂爲絕待；惟有會三歸一，無小不大的一佛乘，經中喩爲大白牛車，才能稱爲究竟絕待的大乘哩。可知今此所謂的大乘，就是大白牛車了。上來釋「大乘」義竟，向下釋止觀法門。

什麼叫做止觀？分而言之，止是止，觀是觀，各具三義：止三義是：⑴息滅見思、塵沙、無明三惑，叫做「止息」。此就所止以明義。⑵安住於三諦相卽的不思議境而不動，叫做「停止」。此就能止以明義。⑶惑與諦理，如水與波，同一濕性，實無能止所止，能停所停，叫做「不止止」。此就止體以明義。觀三義是：⑴以智慧觀察，洞徹三惑蔽障而予以殄滅，叫做「觀穿」。此就所觀以明義。⑵了達一境三諦平等差別因緣，叫做「觀達」。此就能觀以明義。⑶實無能穿與所穿，能達與所達，惟是一心，叫做「不觀觀」。此就觀體以明義。合而言之，法性寂然爲「止」；寂而常照爲「觀」；止卽觀，觀卽止，止觀不二。

什麼叫做止觀法門？佛的言教，爲世之則，叫做「法」；此法類別不一，通入佛道，叫做「法門」。所以法華經方便品云：「以種種法門，宣示於佛道。」修止觀，也得由三諦相卽的四門而入：⑴修止由於空門。⑵修觀由於有門。⑶修止觀雙行，由於雙亦有空，及雙非有空的中道二門。這不過是爲詮釋方便而假說，實則一門一切門，一切門一門，才是修止觀所由的法門哩。上來別釋大乘、止觀法門竟，向下合釋。

止觀法門，也有多種，但都不得名爲大乘。玆列擧其三：⑴「體眞止」及「從假入空觀」。此一止觀，止見思惑，觀「眞諦」理，雖能自度而不能度人，不得名爲「大乘」。⑵「方便隨緣止」及「從空入假觀」。此一止觀，止塵沙惑，觀「俗諦」理，雖能自度度人而不究竟，亦不得名爲「大乘」。⑶「息二邊分別止」及「中道第一義觀」。此一止觀，止無明惑，觀「中諦」理。雖一往名爲大乘，然若先空後假，次第歷別，亦不得名之爲「大」；運到果地休息，亦不得名之爲「乘」。惟直悟「自性清淨心」，即寂而照，即照而寂；定慧一如，悲智雙運，盡未來際，度無量衆生，不住生死，不住涅槃，這才叫做「大乘止觀法門」哩。上來釋法題竟，次釋人題。

△乙二釋人題。

南嶽思大禪師曲授心要。

歸隱於南嶽衡山的思大禪師，俗姓李，諱慧思，元魏南豫州武津縣人（今河南上蔡縣東）梁天監十四年（公元五一五年）誕生。兒時夢一梵僧勸令出家。頓發道心，嘗穴居古城，讀法華經，幾廢寢忘餐，感夢普賢菩薩乘六牙白象王爲師摩頂，肉髻隆起。十五歲出家受具足戒，仍專誦法華，更加精勤，又感夢阿彌陀佛和彌勒佛爲師說法，並隨彌勒及諸勝友，聚會龍華。二十歲那年，因讀妙勝定經，見讚美禪定，乃依慧文禪師，得受觀心訣要，勇猛參究，長坐不寐，三七日初發少靜；再精進，遂動八觸，發根本禪。因而見三生行道之迹，歷歷如在目前。某歲結夏期滿，正在自愧虛受法歲，毫無所獲時，豁然開悟法華三昧，凡前所未聞之經，都一念明達，無師自通了。從此名行遠聞，大化有情，神異靈瑞，備載傳紀，述不勝述。陳文帝天嘉元年，行化至大蘇山（今河南光山縣南）時，智顗禪師遠來頂拜，得師付法，亦證法華三昧，恍見靈山一會，儼然未散。陳光大二年（公元五六八）避陳齊邊境烽火，入居南嶽，謂徒衆曰：「吾寄此山，為期十年，過期必當遠遊。」果於大建九年（公元五七七）六月二十二日，當衆端坐合掌而逝，面色如生，異香滿室。師壽六十三歲，夏四十九。

怎樣叫做「曲授心要」？法華經方便品云：『我以無數方便，種種因緣、譬喻、言辭，演說諸法。』這樣隨順機宜，委曲宛轉的善巧說法，就叫做「曲授」。「自性清淨心」為萬法本源，修大乘止觀，要在返本還源，所以名為「心要」。換言之：本書能詮的文句，就是「曲授」，所詮的義理，就是「心要」。修止觀的學人，就是曲授心要的對象，所以「大乘止觀法門」，就是南嶽思大禪師對學人的曲授心要。上來總釋名題竟，向下別解文義。

△甲二別解文義。分三：乙一略標大綱。分三：丙一泛標正法。分二：丁一設問。

有人問沙門曰：『夫稟性斯質，託修異焉。但匠有殊彫，故器成不一。吾聞大德，洞於究竟之理，鑑於玄廓之宗，故以策修，冀聞正法爾。』

本科文，乃大師假設問答，來發起他這部「大乘止觀法門」的端緒。此為設問。梵語「沙門」，此翻「勤息」，即勤修戒、定、慧；息滅貪、瞋、癡之義。向為出家人的通稱。「有人問沙門曰」，就是有人向沙門請問的說。向下各句都是他所問的話：

「夫稟性斯質」：「夫」字是發語詞。「稟」是稟受。「性」是不改之義，也就是吾人現前一念的心性，本書所謂的「自性清淨心」。「斯」者，此也。「質」乃五陰色身的體質。就是說：凡有五陰色身的體質者，必有其稟受的自性，大家都是一樣。

「託修異焉」：「託」是依託所緣之境。「修」是整理修治之義。「異」是差別不一。「焉」是結語詞。就是說：「託染、淨緣，修成十界凡、聖差別的報果。」

「但匠有殊彫，故器成不一」：此以「匠」喻師友。「彫」喻教導。「器」喻學人。就是說：匠人彫刻的技術有高低之殊，故其所彫成的器具也精粗不一。師友教導學人亦然，聲聞乘的師友，所教的學人證羅漢果；緣覺乘的師友，所教的學人證辟支佛果；菩薩乘的師友，所教的學人證大菩提果。假使遇到撥無因果，誹謗大乘的邪見師友，那就難免要墮入惡道了。

「吾聞大德……冀聞正法爾」：「大德」是稱讚之詞。「洞」是通達。「究竟之理」是指至極的性理而言。「鑑」是明澈。「玄廓之宗」是指深妙寬廣的修德而言。「策修」就是勵行。「冀」是希求之義。「正法」是泛指一切佛法而言。就是說：「我聽說大德既洞達至極究竟的性理，又明澈玄妙寬廓的修德；所以爲策勵修行，希望一聞正法爾。」

△丁二答釋。

沙門曰：『余雖幼染緇風，少餐道味；但下愚難改，行理無沾。今辱子之問，莫知何說也。』

此爲大師對上文設問的謙答。受化爲「染」。非紫非黑的壞色爲「緇」。習尙爲「風」。出家人的服色以緇爲尙，大師又是自幼出家，故曰「幼染緇風」。對菩提道的趣味稍有領略，故曰「少餐道味」。愚笨的習氣未除，故曰「下愚難改」。於修行妙理，猶如掘井，尙未及泉，故曰「行理無沾」。「辱」是屈辱，「子」是尊稱，謙言酬應，故曰「辱子之問」。上問正法，涉及廣汎，不知從何說起，故曰「莫知何說」？

這番謙答的意思是說：「我雖幼年出家，稍微領略一點道味；但愚魯的習氣很難改變，以致對修行妙理，無所沾濡，今辱承子問，不知該從何說起？」

△丙二標宗大乘。分二：丁一設問。

外人曰：『唯然大德，願無憚勞，爲說大乘行法，謹卽奉持，不敢遺忘。』

前科所稱的「有人」，從此番請說「大乘行法」來看，他還在三諦相卽，絕待圓融的大乘法門之外，故今改稱「外人」，並非斥爲外道。「唯然大德」：這是對大師前科所答「辱子之問，莫知何說」的話，所作的敬諾兼褒讚之詞。以下各句都是他的諾言。意謂：「惟願不辭辛勞，爲說大乘行法，俾便卽刻敬謹奉持，自行化他，不敢稍有懈怠，以致遺忘。」

△丁二答釋。

沙門曰：『善哉佛子，乃能發是無上之心，樂聞大乘行法。汝今卽時已超二乘境界，況欲聞而行乎？然雖發是勝心，要藉行成其德；但行法萬差，入道非一；今且依經論爲子略說大乘止觀二門。依此法故，速能成汝之所願也。』

「善哉佛子」：這是對佛子的讚歎之詞。上文稱爲「外人」，今又讚爲「佛子」，必有勝緣。發心求三諦圓融，自利利他，至高無上的大乘行法，就是發無上心，故曰：「乃能發是無上之心，樂聞大乘行法。」聲、緣二乘，自了生死，從來不發大心，所以當你初發無上心時，就已超越了二乘境界；何況卽聞而行，豈非超越二乘更多嗎？故曰：「汝今卽時已超二乘境界，況欲聞而行乎？」發無上心，超二乘境界，豈非荷擔如來家業，堪紹佛位的佛子嗎？這就是上文稱爲「外人」，今又讚爲「佛子」的勝緣。

「勝心」就是無上心。雖發勝心，要必憑藉著修行來成就其自利的「智德」；利他的「悲德」，故曰：「雖發是勝心，要藉行成其德。」但機有千差萬別，行法亦爾，所以入道非由一門。約而言之：或由空門入、或由假門入、或由雙亦門入、或由雙非門入，故曰：「行法萬差，入道非一。」

大乘行法萬差非一，惟大乘止觀爲入道要門，然復備載經論，廣說亦非卽刻所可成辦，那就只有依據經論，暫爲略說綱要了，故曰：「今且依經論，爲子略說大乘止、觀二門。」

雖畧說綱要，然綱擧則目張，亦可速成所願，故曰：「依此法故，速能成汝之所願也。」△丙三標示止觀。分二：丁一設問。

外人曰：『善哉願說，充滿我意，亦使餘人展轉利益，則是傳燈不絕，爲報佛恩。』

歡喜讚歎，是對許說大乘止觀，表示滿意。故曰：「善哉願說，充滿我意。」何以如此歡喜？不但個人聞法得益，而且展轉相傳，盡未來際，使無量無邊的人利益均沾，故曰：「亦使餘人展轉利益」。佛法如燈，能照破無明闇障；展轉相傳，如燈燈相然，不使斷絕。惟有如此，才是報佛恩哩，故曰：「則是傳燈不絕，爲報佛恩。」

△丁二答釋。

沙門曰：『諦聽善攝，爲汝說之。所言止者，謂：知一切諸法，從本已來，性自非有，不生不滅，但以虛妄因緣故，非有而有。然彼有法，有卽非有，惟是一心，體無分別。作是觀者，能令妄念不流，故名爲止。所言觀者，雖知本不生，今不滅，而以心性緣起，不無虛妄世用，猶如幻夢，非有而有，故名爲觀。』

眞實聞法，叫做「諦聽」。收攝散心集中於諦聽的一境，叫做「善攝」。假使虛有聞法之表，而心猿意馬攀緣外馳，那就不得爲諦聽善攝了。非諦聽不能生聞慧；非善攝不能生思慧；非從聞思不能起修，使三慧具足。所以先誡之以諦聽善攝，然後爲說大乘止觀。向下釋止、觀二門，各有三段，以明三止、三觀。今依次先釋三止：

(1)體眞止：體會十界染淨諸法，從本昔以來，無非因緣和合，自性都無；既無自性，當體卽空，誰生誰滅？故曰：「知一切諸法，從本以來，性自非有，不生不滅。」如此修止，便能止息攀緣塵境，刹那不住的見思妄惑，安住於空諦而不動。這就是中論所謂的「因緣所生法，我說卽是空。」

(2)方便隨緣止：十界諸法雖是因緣所生，空無自性；然其爲虛妄因緣所現的假相，却是非有而有，並不等於偏空。故曰：「但是虛妄因緣故，非有而有。」如此修止，便能藉着假有的方便，隨緣化物，止息了刹那不住能爲化道障礙的塵沙妄惑，安住於假諦而不動。這就是中論所謂的「亦名爲假名。」

(3)息二邊分別止：彼虛妄因緣所生的諸法，雖是非有而有；然此非有而有的「有」，卽是「非有」，並不等於偏假。那末，諸法既是「有」，又是「非有」，究竟是什麼？唯是一心所變現的虛相，若泯相歸性，則心體絕待平等，那有「有」與「非有」的分別？故曰：「然彼有法，有卽非有，唯是一心，體無分別。」如此修止，便能止息偏於空、假二邊的無明妄惑，安住於中諦而不動。這就是中論所謂的「亦名中道義。」

這三止，不過爲言詮方便，次第分別；實則三止圓具一心，卽空、卽假、卽中。行者作此圓觀，便能使界內外的見思、塵沙、無明妄惑，止息不流，故曰：「作是觀者，能令妄念不流，故名爲止。」上來釋三止竟，次釋三觀。

(1)從假入空觀：以體眞止的「一切法，性自非有，不生不滅。」之理，觀穿了見思惑障，而達於「空諦」。然此空觀，只是滯於「但空」，如枯木寒灰的二乘境界。故曰：「雖知本不生，今不滅。」這裡的「雖」字，乃推展之詞，表示不但觀空，還要觀假。

(2)從空入假觀：以方便隨緣止的「但以虛妄因緣故，非有而有。」之理，觀穿了塵沙惑障，而達於世俗的「假諦」。故曰：「而以心性緣起，不無虛妄世用。」這是由上文推展而來，意謂：「雖知本不生，今不滅；而以心性隨緣現起的十界諸法，並非沒有虛妄應世的功用。旣是虛妄，又有世用，何不隨緣化物，不住生死，不住涅槃；而定要坐在無爲坑裡，視生死爲可厭，涅槃爲可欣呢？」

(3)中道第一義觀：以息二邊分別止的「有卽非有，唯是一心，體無分別。」之理，觀穿了無明惑障，而達於「中諦」。故曰：「猶如夢幻，非有而有。」此卽對上文「虛妄世用」，喻之以夢幻的非有而有。在顚倒夢想中的人，不知是夢，非有而有，夢覺方知。身臨幻境的人，不知是幻，非有而有，知無不離。今觀一切法如夢如幻，非有而有，豈非已竟覺了見思、塵沙、無明等煩惱的迷夢；離了有、空、雙亦、雙非等四句分別的幻妄，而達於中道實相的第一義諦了嗎？

這大乘止觀法門，至圓至頓，不過爲不解者，歷別分說而已。實則：法性本寂爲「止」，本照爲「觀」；卽寂而照，卽照而寂；止卽觀，觀卽止，止觀不二；亦無所謂止與不止，觀與不觀。也就是「不止止，不觀觀」的妙止觀。上來釋略標大綱竟，向下釋廣作分別。

△乙二廣作分別。分二：丙一重問。

外人曰：『余解昧識微，聞斯未能卽悟。願以方便，更爲開示。』

此人還沒有進入圓教六卽的「名字卽」位，就所聞的名字上，對佛法有所了解，故仍名「外人」。智昏不明，故曰「解昧」。見淺不深，故曰「識微」。大乘止觀，理極玄妙，殊非解昧識微者，聞此略說，就能卽時領悟的。所以願大師再巧設方便，開其茅塞，示以心要。

△丙二詳答。分三：丁一許說。

沙門曰：『然！更當爲汝廣作分別，亦令未聞，尋之取悟也。』

「然」字，是應諾之詞。大師應其所請，准許更當詳盡的爲他廣作分別。不但使他個人聞而領悟，也可以使其餘未聞的人，尋求此廣說的章句，而領取妙悟。

△丁二建立科判。

就廣分別止觀門中，作五番建立：一明止觀依止。二明止觀境界。三明止觀體狀。四明止觀斷得。五明止觀作用。

將經論文句，依義類分成段落，以明其組織系統，叫做科判。五番建立，就是將廣說的止觀法門，分作五段：(1)明止觀依止：自性淸淨心，爲萬法本源，當亦爲止觀之所依止。所以講止觀，必以其依止之處爲出發點；否則就無從說起了。故先明依止。(2)明止觀境界：因衆生久迷此一心，而全眞成妄，必須示以眞實、依他、分別三性，爲所觀之境，作爲返妄歸眞的入手之處。故次明境界。(3)明止觀體狀：體狀，就是行相。雖有所觀之境，而無能觀的體狀，作爲修行的楷模，一樣的不能返妄歸眞。故三明體狀。(4)明止觀斷得：旣修止觀，必能斷惑得果，故四明斷得。(5)明止觀作用：旣已證得妙果之體，必與大用以自度度他。故五明作用。

△丁三分別解釋。分五：戊一釋止觀依止。分二：己一分科。

就第一依止中，復作三門分別：一明何所依止。二明何故依止。三明以何依止。

依五番建立的次第，先釋第一的「止觀依止」。就此依止中，又作三門分別：㈠明何所依止？就是第一先要辨明什麼是止觀所依止的本體？㈡明何故依止？就是第二還要辨明其所依止的理由。㈢明以何依止？就是第三還要辨明修行依止的方法。此分科竟，向下各釋。

△己二各釋。分三：庚一明何所依止。分二：辛一標列。

初明何所依止者，謂：依止一心以修止觀也。就中復有三種差別：一出衆名。二釋名義。三辨體狀。

「一心」就是吾人現前一念介爾之心，爲迷悟所依。衆生迷此，則全眞卽妄；諸佛悟此，則全妄卽眞。並非妄心外別有眞心。卽所謂：「心佛衆生，三無差別」故名「一心」。依止三門中的第一問何所依止？就是依止此一心來修習止觀。今釋此一心，亦分三別：⑴出衆名：心有無量名，故先出衆名。⑵釋名義：有名必有義，故次釋名義。⑶辨體狀：既有名義，必有體狀，故三辨體狀。這是名義的體狀，與五番建立中第三的止觀體狀不同。

△辛二釋成。分三：壬一出衆名。

初出衆名者：此心卽是自性清淨心。又名眞如。亦名佛性。復名法身。又稱如來藏。亦號法界。復名法性。如是等名，無量無邊，故言衆名。

「此心」指上文「依止一心以修止觀」的一心而言。此一念心性，旣爲萬法之本；隨緣立名，故有無量無邊的衆名，擧不勝擧。今且略擧七名，作爲下文釋義的張本。

筆者案：卽此開宗明義的「此心卽是自性清淨心」一句，已將當部立言的精神，顯示得明明白白了。可知大師雖爲曲授心要而權立名言，實則第一義諦裡，連這個「心」字亦無從安立。否則，何以名爲「自性清淨」？學人最初入門，應於此句深切體會，愼勿橫起疑謗！旣疑此「心」爲「阿賴耶識」；又執「無自性」之見，以謗此「自性」。當知諸法無自性，並不是無此眞如自性哪。

△壬二辨解名義。分三：癸一標章。

次辨釋名義。

這一句是標示章段。向下始爲逐名釋義。

△癸二廣釋。分七：子一釋自性清淨心。

問曰：『云何名爲自性清淨心耶？』答曰：『此心無始以來，雖爲無明染法所覆，而性淨無改，故名爲淨。何以故？無明染法，本來與心相離故。云何爲離？謂以無明體是無法，有卽非有；以非有故，無可與心相應，故言離也。旣無無明染法與之相應，故名性淨。中實本覺，故名爲心。故言自性清淨心也。』

文中有三番問答，如抽絲剝繭，一層一層。第一番問：「這現前一念之心，爲什麼名爲自性清淨心？」答：「此心清淨本然，雖自無始以來，爲無明染法所覆，而其自性的清淨，却依然不改，所以名之爲淨。」「無始」是對一切法不可說有始的遠古時期。例如：今鷄爲前蛋所生；前蛋又爲其前鷄所生；這樣展轉推究，並沒有元始的鷄蛋可得。若說有始，那就是違背因果律的外論了。「無明」是根本煩惱，染污不淨之法，對事理性相，昏濁闇鈍，沒有照了的明智。「覆」是遮掩之義。「自性」是自體不改之義。此心雖無始以來，被無明染法所掩，而性淨不改。若改，就不得名之爲性淨了。

第二番問：「此心既爲無明染法所覆，何故不改？」答：「因爲無明染法，本來與心相離之故，所以此心性淨不改。」

第三番問：「怎樣叫做離，是不是像二物隔離一樣？」答：「不！起信論云：『依阿賴耶識，說有無明。』可知無明乃唯識所變，有卽非有，他不可能與自性清淨心相應，所以說之爲離。」當知此「離」是約「無明」無體而言；若約「無明」依法性爲體來說，那就是相卽，而非相離了。所以與二物隔離不同。二物隔離，不契圓宗。

基於以上所說，旣無「無明」染法，與心相應，所以名爲「性淨」。此心，性非有、無，叫做「中」；理非虛謬，叫做「實」；元非不覺，叫做「本覺」。具此中、實、本覺三義，故名爲「心」。這就是「自性清淨心」之所以得名。

△子二釋眞如。

問曰：『云何名爲眞如？』答曰：『一切諸法，依此心有，以心爲體。望於諸法，法悉虛妄，有卽非有，對此虛僞法故，目之爲眞。又復諸法雖實非有，但以虛妄因緣，而有生滅之相。然彼虛法生時，此心不生；諸法滅時，此心不滅。不生故不增；不滅故不減。以不生不滅，不增不減故，名之爲眞。三世諸佛，及以衆生，同以此一淨心爲體。凡聖諸法，自有差別異相，而此眞心，無異無相，故名之爲如。又眞如者，以一切法，眞實如是，唯是一心，故名此一心以爲眞如。若心外有法者，卽非眞實，亦不如是，卽爲僞異相也。是故起信論言：「一切諸法，從本已來離言說相、離名字相、離心緣相，畢竟平等，無有變異，不可破壞，唯是一心，故名眞如」。以此義故，自性清淨心復名眞如也。』

問意可知。答中分四番辨釋眞如：前兩番別釋「眞」義。第三番別釋「如」義。第四番合釋「眞如」。玆依次列左。

「一切諸法」包括世、出世間十界凡、聖法盡，都是依此自性清淨心爲體的，離心就沒有自體可言了。故曰「依此心有，以心爲體。」以此有體之心，比起無體的諸法來，則諸法雖有，盡是虛妄，並非實有，故曰「望於諸法，法悉虛妄，有卽非有。」「望」字是比對之義。此自性心體，本來無以爲名，不過比起無體的虛妄諸法，顯其是眞罷了。故曰「對此虛僞法故，目之爲眞也。」靈峯大師以金喩心體，以器喩諸法；器相是僞，金體是眞。第一番別釋「眞」竟。

又復一切諸法，雖實非有；但其爲虛妄因緣聚時則生，散時則滅，聚散無常的生滅幻相，却不是沒有，故曰「但以虛妄因緣，而有生滅之相。」然而當彼諸法虛妄因緣聚會而生時，心體並不隨之而生；分散而滅時，心體亦不隨之而滅。生卽是增，滅卽是減，故曰「不生故不增，不滅故不減。」然則，彼生滅增減的諸法，旣是虛妄；那不生不滅，不增不減的心體，豈非是眞？故曰「名之爲眞」。靈峯大師以器喩諸法，金喩心體。器有成壞，金無成壞。成壞卽生滅增減之妄，無成壞者名之爲眞。第二番別釋「眞」竟。

十法界裡，除了過去、現在、未來的三世諸佛爲悟；其餘菩薩以下的九界衆生皆迷。然而十法界法，無論迷悟，都是同以「自性清淨心」爲體的。故曰「三世諸佛，及以衆生，同以此一淨心爲體。」此卽華嚴所謂「心佛及衆生，是三無差別。」以迷悟爲因，染淨爲緣，所生的凡、聖諸法，自有其差別不同的異相；而此眞心之體，並無二別，故曰「無異」；惟一實相，故曰「無相」；無異無相，故名爲如。並非二法比肩，相似爲如。第三番別釋「如」竟。

又所謂眞如者：根據上文別釋，足知萬法唯心，心外無法；此理眞而不虛爲實，如而不異爲是。故曰「眞實如是，唯是一心。」」所以名此一心，叫做「眞如」。反是，若心外有法，則此法既非眞實，亦不如是，那就成爲虛妄的異相了。此以一正一反，辨釋眞如。向下引起信論爲證。論中所謂的：言說相、名字相、心緣相，俱心外法，不可執以爲實，所以要離。離則言語道斷，心行處滅，卽一切法便是：畢竟平等、無有變異、不可破壞的一心眞如。因此，又名自性清淨心爲之「眞如」。第四番合釋「眞如」竟。

筆者案：考佛祖歷代通載卷第九所載，大乘起信論爲眞諦三藏於承聖元年（公元五五二）所出。「開元釋教錄卷第六所載，爲承聖二年）距思大師圓寂的大建九年（公元五七七）中間尚有二十五年的漫長歲月，誰說大師不可能見到起信論，隨疑此書爲後人所僞造，而任意誹謗。

△子三釋佛性。分二：丑一畧釋。

問曰：『云何復名此心以爲佛性？』答曰：『佛名爲覺，性名爲心。以是淨心之體，非是不覺，故說爲覺心也。』

此略釋佛性，爲下文廣辨發始。問：爲什麼又名此自性清淨心以爲佛性？答：「佛」字乃梵語「佛陀」的略稱。本土翻譯爲「覺」。有：自覺、覺他、覺行圓滿三義。二乘觀空，但能自覺，而不能覺他；菩薩觀假，雖能自覺覺他，而覺行猶未圓滿；惟佛觀空、假、中三諦相卽，自覺、覺他、覺行圓滿，故曰「佛名爲覺」。「性」是不改的自性清淨心體，故曰「性名爲心」。因此自性清淨心體，元本是覺，在纏不染，隨緣不變，故曰「非是不覺」。既非不覺，那當然要說他名爲覺心了。覺心就是「佛性」的釋義。

△丑二廣辨。分三：寅一約不覺辨。分二：卯一明心非不覺。

問曰：『云何知此眞心非是不覺？』答曰：『不覺卽是無明住地。若此淨心是無明者，衆生成佛無明滅時，應無眞心。何以故？以心是無明故。既是無明自滅，淨心自在，故知淨心非是不覺。又復不覺滅故，方證淨心，將知心非不覺也。』

問：衆生從本以來，猶如睡夢，不曾醒覺；怎知此性淨眞心，元非不覺呢？答：不覺，就是五住地的第五根本「無明住地」。依存爲「住」，能生爲「地」，無明爲一切煩惱之所依，又能生一切煩惱；故名「住地」，又稱「根本」。起信論云：「不覺念起，見諸境界，故說無明。」所以不覺就是無明住地。衆生成佛，無明卽滅，假使這性淨眞心是無明的話；當衆生成佛，無明滅時，不是就沒有眞心了嗎？然而，無明自滅，淨心自在，各不相妨；所以知道性淨眞心，不是不覺。這是約在纏眞如，以明心非不覺。

又因不覺滅了，才能證得性淨眞心，故知眞心非是不覺。這是約出纏眞如，以明心非不覺。

△卯二雙顯二佛性義。

問曰：『何不以自體是覺，名之爲覺，而以非不覺故，說爲覺耶？』答曰：『心體平等，非覺非不覺，但爲明如如佛故，擬對說爲覺也。是故經言：「一切無涅槃，無有涅槃佛，無有佛涅槃，遠離覺所覺，若有若無有，是二悉俱離。」此卽偏就心體平等說也。若就心體法界用義以明覺者，此心體具三種大智。所謂：無師智、自然智、無礙智。是覺心體，本具此三智性，故以此心爲覺性也。是故須知同異之義。云何同？謂：心體平等卽是智覺，智覺卽是心體平等，故言同也。復云何異？謂：本覺之義是用，在凡名佛性，亦名三種智性；出障名智慧佛也。心體平等之義是體，故凡聖無二，唯名如如佛也。是故言異。應如是知。』

問意謂：上文旣說心體非是不覺，那當然就是「覺」了。心體旣然是覺，何不直截了當，從正面說名爲覺；卻繞個灣兒，從「非是不覺」的反面說之爲覺呢？答中初約「體」義明非覺非不覺，以顯如如佛性；次約「用」義明覺，以顯智慧佛性；三約二佛性，以辨同異：

覺與不覺，乃二法相待的假名言相。心體平等，絕諸對待，那有覺與不覺的分別？故曰「非覺非不覺」。心體平等，叫做「如」；凡聖同體，彼此皆如，叫做「如如」；達此如如之理，就叫做「如如佛」。但爲顯此絕待離言的如如佛性之故，擬對不覺說之爲覺。却不可說心體是覺。「是故經言」這一句以下，是引楞伽經來證明心體平等：「一切無涅槃」，是究極一切法底，都無涅槃可得。此單遣涅槃之法。「無有涅槃佛，無有佛涅槃」，是說，無因法而有覺，亦無因覺而有法。此雙遣人法。「遠離覺所覺」，是說，能覺的人與所覺的法，都要遠離。此雙遣能所。「若有若無有，是二悉俱離」，這兩句是有無雙遣。這些遣除假名言相的經文，都是偏就心體平等一邊，以明「非覺非不覺」而說的。

然而，心體本來寂照，體用兼備，偏就心體的寂義邊說，固爲「非覺非不覺」；若就卽寂而照，卽體起用而言，那就可以直說爲「覺」了。「法界用義」就是卽體起用。若以此義明「覺」，則是心體具有三種大智：⑴無師智——卽佛智照空，了達眞諦，觀十法界唯是一相的「一切智」。不由師授，故曰無師。⑵自然智——卽佛智照假，了達俗諦，觀三千性相無量差別的「道種智」。不由作意，故曰自然。⑶無礙智——卽佛智照空假中，了達第一義諦，觀一切法無相無不相，具見實相，究盡邊底的「一切種智」。無有障難，故曰無礙。覺心之體，本具此三大智性，所謂「三智一心中得」因此也就名此心以爲「覺性」了。

由於以上所明，如如佛及智慧佛故；這二佛性的同異之義，不可不辨。怎樣爲同？一心平等爲體，智覺爲用；體卽用之體，用卽體之用，體用不二，故曰「心體平等卽是智覺；智覺卽是心體平等。」所以爲同。又怎樣爲異？約本覺爲用之義來說：凡夫爲煩惱、惡業、苦報所障，始覺尚無，本覺如何彰顯，所以只能名爲佛性，或三種智性；果能修行斷惑出障，使本覺三智的大用朗然彰顯，那才可以名爲「智慧佛」哩。若約一心平等爲體義說：則此心體，在凡不減，在聖不增，凡聖不二，唯有一名爲「如如佛」耳。此二佛性，在障出障，約用約體，大有差別，所以爲異。學人唯有作此了知爲是，反此則謬；所以大師最後囑曰「應如是知」。上來約不覺辨竟。

△寅二約覺辨。分四：卯一辨智慧佛性。分三：辰一雙許二義。

問曰：『智慧佛者，爲能覺淨心，故名爲佛？爲淨心自覺，故名爲佛？』答曰：『具有二義：一者覺於淨心；二者淨心自覺。雖言二義，體無別也。』

前科在雙顯二佛性中，約淨心爲體，顯如如佛；約智覺爲用，顯智慧佛。在辨同異中，以體用不二爲同；體用差別爲異。故此科單辨智慧佛的「能覺淨心」之句，乃約「異」義爲問；「淨心自覺」之句，乃約「同」義爲問。意謂：此智慧佛，是由於別有能覺之用，來覺此淨心之體，名之爲佛呢；還是由於淨心之體自起覺用，名之爲佛？

答中亦據同異之辨，雙許「覺於淨心」與「淨心自覺」二義具有。然言義雖有同異之辨，歸性則體無二致，故曰「體無別也」。

△辰二約修廣釋。分二：巳一約迷眞起妄，成不覺義。分四：午一明二熏。

此義云何？謂：一切諸佛，本在凡時，心依熏變，不覺自動，顯現虛狀。虛狀者，即是凡夫五陰，及以六塵，亦名似識、似色、似塵也。似識者，即六七識也。由此似識念念起時，即不了知似色等法，但是心作，虛相無實。以不了故，妄執虛相以爲實事。妄執之時，即還熏淨心也。

「此義云何」一句，乃徵問上文雙許「覺於淨心」及「淨心自覺」的二義爲何？問意在覺，答則先從迷眞起妄而成不覺說起，使知認路還家，返妄歸眞。並非答非所問。爲明「無明」無始有終，成佛則滅，故曰「一切諸佛本在凡時」而不直說凡夫。「心依熏變」就是法爾有隨緣之用的「自性清淨心」，隨著熏染之緣，而變現爲虛妄的有爲相了。可是，心性並未爲隨緣現相而有所改變。如水隨風緣而現波相，水性不變似的。「不覺自動，顯現虛狀」就是由自心一念不覺而動；由動而生妄見之能；由能見的顯現，而有所見的虛狀。這就是起信論所謂：「業相、見相、境界相」的三細；唯識家所謂：「自證、見、相」的三分心法。

什麼叫做虛狀？就是凡夫的五陰，及其六塵。「陰」是蔭覆之義。色、受、想、行、識五法，能蔭覆眞理，故名「五陰」。「塵」是坌汚不淨之義。色、聲、香、味、觸、法的六法，能坌汚淨心，故名「六塵」。五陰中的色陰，雖含攝根、塵在內；然唯六塵爲六根所對，故別開出。又爲明虛狀乃似有非有之故，應名受、想、行、識四陰爲「似識」；色陰爲「似色」；六塵爲「似塵」。故曰「亦名似識、似色、似塵」。若就虛妄的勝用而論，則識陰中，雖含攝八識心王，然眼等五識，除能各了各境；第八阿賴耶識，除能攝藏種子外，都別無勝用。至於受、想、行三陰，那是心所有法，更不必說了。唯有第六意識，不但能了一切法，且能剖斷是非、分別好醜、抉擇迎拒，第七末那恒審思量，執我、我所。他們有這樣大的勝用，所以就特名六、七二識爲「似識」了。故曰「似識者，即六七識也」。

我們再往下看，這似識的功用，到底有好大？當第七末那識念念相續，恒審思量；第六意識起心分別時，他們就不了解那內而根身的「似色」，外而器界的「似塵」等法，都是唯心所造，但有虛相而無實體。因爲不了解的緣故，就妄執此虛相，爲實有其事了。就在這妄執之時，還熏淨心，遂使性淨眞心，跟著熏緣之變而流轉五道了。這就是起信論以境界爲緣，而生智等的六種粗相。釋明二熏竟。

△午二出名相。

然似識不了之義，即是果時無明，亦名迷境無明。是故經言：於緣中癡。故似識妄

執之義，即是妄想；所執之境，即成妄境界也。以果時無明熏心故，令心不覺，即是子時無明，亦名住地無明也。妄想熏心故，令心變動，即是業識。妄境熏心故，令心成似塵種子。似識熏心故，令心成似識種子。此似塵似識二種種子，總名爲虛狀種子也。

本科分爲二段：初段釋上科「不了、妄執、實事」三名；二段釋「還熏淨心」之義。「似識」一詞，應冠攝以下三名：⑴「似識不了之義」：「了」是明了；「不了」當然就是無明了。而此「不了」，乃不覺所生之果；「不覺」又是能生「不了」的種子。爲簡「不了」非種子時的不覺，故名爲「果時無明」。又「不了」，就是對所緣「似色」等境的迷妄；也就是緣中之癡，非因中癡。所以亦名爲「迷境無明」。並引經言「於緣中癡」爲之作證。⑵「似識妄執之義」：由於似識不了之故，復起妄執，對不實的「似色」等法，分別執取，虛妄想相，故曰「似識妄執之義，即是妄想」。⑶「似識所執之境」：有能執的妄想，必有所執的妄境，以爲實事。故曰「所執之境，即成妄境界也。」

初段釋名，合「似識」爲三；今釋熏心，開「似識」爲四：⑴「以果時無明……」：就是以三界見思惑的果時枝末無明，還熏本覺淨心，使本覺淨心隨著熏緣而成不覺；即此不覺，便是子時的根本無明。根本，就是能生枝末，而爲枝末所依的住地，所以亦名爲「住地無明」。(2)「妄想熏心……」：就是以虛妄想相，還熏本寂不動的性淨眞心，使本寂淨心，隨熏變動；卽此動心，便是有情流轉的根本業識。(3)「妄境熏心……」：就是以世間的虛妄塵境，還熏性淨眞心，使性淨眞心，隨熏而成爲阿賴耶識裏的相分——似塵種子。(4)「似識熏心……」：就是以現行的六、七似識，還熏淨心，使淨心隨着似識的熏緣，而成爲阿賴耶識裏的見分——似識種子。妄境、似識，旣是唯心所變現的虛狀；其所熏成的似塵、似識二種種子，當然也是虛狀了。故總出名爲「虛狀種子」。釋出名相竟。

△午三明互依。

然此果時無明等，雖云各別熏起一法，要俱時和合，故能熏也。何以故？以不相離，相藉有故。若無似識，卽無果時無明；若無無明，卽無妄想；若無妄想，卽不成妄境。是故四種俱時和合，方能現於虛狀之果。何以故？以不相離故。又復虛狀種子，依彼子時無明住故。又復虛狀種子，不能獨現果故。若無子時無明，卽無業識；若無業識，卽虛狀種子不能顯現成果。亦卽自體不立。是故和合方現虛狀果也。是故虛狀果中，還具似識似塵虛妄無明妄執。由此義故，略而說之云：不覺故動，顯現虛狀也。

本科分爲三段：初約枝末明因合果成；次約根本明因合果成；再次明果還具因。

「此果時無明等」，乃指上科：果時無明熏心、妄想熏心、妄境熏心、似識熏心的四種熏法而言。雖為方便說此四法是各別熏起；實則要俱時和合，才能成立熏義。何以故？以其互依不離，相藉而有故。怎樣不離，相藉而有？果時無明，藉似識而有，二者不能相離而獨起，故曰「若無似識，即無果時無明」。妄想藉無明而有，二者也不能相離而獨起，故曰「若無無明，即無妄想」。妄境藉妄想而有，二者也不能相離而獨起，故曰「若無妄想，即不成妄境」。以此不離相藉有故，所以四法非俱時和合，不能現起五陰、六塵的虛妄之果。此約枝末而論因合然後果成。

「又復」是推進之詞，再進而推究：虛狀種子，必依根本無明而住；又非依無明之力，不覺而動的業識，不能單獨成果。因此，若無根本無明，亦無業識；若無業識，則虛狀種子的自體，尚不能建立，何況成果而能顯現嗎？所以種子、無明、業識三法，必俱時和合，才能顯現虛狀之果。此約根本而論因合然後果成。

五陰六塵的虛狀之果，既為無明等法和合熏成；而此虛狀果中，自必還具：似識、似塵、虛妄無明、妄執境界的成分；還復熏心，再成為此等諸法的種子。由此子還為果，果還為子，子果相生之義的緣故，所以在前面明二熏的文中，雖未詳說；却已略說「不覺自動，顯現虛狀」了。此明果還具因。釋互依竟。

△午四結流轉。

如是果子相生，無始流轉，名爲衆生。

「如是」指上三科而言：二熏科中的「不覺自動，顯現虛狀」即是子生果；「還熏淨心」即是果生子。出名科中，以果時無明，熏成子時無明；乃至以似識熏成似識種子，即是果生子。互依科中約枝末爲論，以四法和合，現虛狀之果；約根本爲論，以三法和合，現虛狀之果，即是子生果。虛狀果中，還具似識等法，即是果生子。故曰「如是果子相生」。凡夫無始以來，就爲這果子相生，生生不已，而流轉五道，故曰「無始流轉，名爲衆生。」上來總釋迷眞起妄竟。

△巳二約返妄歸眞，具二覺義。分二：午一明能覺淨心義。分五：未一名字覺。

後遇善友，爲說諸法皆一心作，似有無實。

「後」乃對前而言。「遇」乃不期而會。「善友」即善知識，無論師友，法華文句云：「是人益我菩提之道，名善知識」。前此不遇善知識，未聞十界諸法，唯心所作，有即非有之理；所以迷眞起妄，心隨物轉。後來遇善知識，爲說十界諸法，唯心所作，有即非有之理；始知返妄歸眞，心能轉物。如六祖云：「心迷法華轉，心悟轉法華。」這正是從知名達義的「名字覺」開始，而觀行、而相似、而分眞、而究竟轉凡入聖的樞機，要緊！要緊！

△未二觀行覺。

聞此法已，隨順修行，漸知諸法皆從心作，唯虛無實。

既從善知識，聞得此法，當隨順此理，觀心修行，漸次歷練，驗知諸法果然如夢，皆從心作，唯虛無實。到此則身心脫然輕安，如釋重負，較前名字覺，就更上層樓了。

△未三相似覺。分二：申一正明覺於通惑。

若此解成時，是果時無明滅也。無明滅故，不執虛狀爲實，即是妄想及妄境滅也。爾時意識轉名無塵智，以知無實塵故。

前在迷時，似識不了似色等法，但是心作，虛相無實。這不了之義，就是果時的迷境無明。今既轉迷爲悟，由名字覺而觀行覺，漸漸了解「諸法皆從心作，唯虛無實」之理。若此觀行解成，那果時無明，就息滅了。無明既滅，便不執虛狀爲實，因此之故，能執的妄想，及所執的妄境，也都隨之而滅了。當此果時無明、妄想、妄境，這三乘共斷的界內見思通惑滅時；那似識——意識，就轉爲無塵智，不名爲意識了。爲什麼意識轉名無塵智？因爲一往念念分別，執塵境爲實，今知唯是心作，並無實塵，即是妙觀察智相應心品；所以轉名爲無塵智。

△申二兼明漸除別惑。分二：酉一出別惑相。

雖然知境虛故，說果時無明滅，猶見虛相之有。有卽非有，本性不生，今卽不滅，唯是一心。以不知此理故，亦名子時無明，亦名迷理無明。但細於前迷事無明也。以彼粗滅，故說果時無明滅也。又不執虛狀爲實故，說妄想滅。猶見有虛相，謂有異心，此執亦是妄想，亦名虛相，但細於前。以彼粗滅，故言妄想滅也。又此虛境，以有細無明妄想所執故，似與心異，相相不一，卽是妄境，但細於前。以其細故，名爲虛境。又彼粗相實執滅，故說妄境滅也。

前科所謂的果時無明滅，妄想及妄境滅；不過是滅了三乘通斷的界內粗惑而已，尙有餘習爲大乘別斷的界外細惑未除。今文分三段明之如下：

「雖然」二字，乃拓展上文未盡之詞。上文雖因知境虛無實，說爲果時無明滅。然而猶有境虛之相可見，不知此虛相，有卽非有，究其本性，不生不滅，唯是一心。因其不知此理之故，所以名爲根本的「子時無明」；亦名爲迷於中道之理的「迷理無明」。但此子時的迷理無明，與前果時的迷事無明比較起來，迷事的惑粗，迷理的惑細。因彼粗惑滅，所以說爲果時無明滅。這是第一段。

又前雖因不執虛狀爲實，說爲妄想滅。然而猶見有虛相，謂爲與心有異，不知心無異相。此種妄執，亦是妄想，亦名虛相。但此執虛的妄想，與前執實的妄想比較起來，執實爲粗，執虛爲細。因彼粗滅，所以說爲妄想滅。這是第二段。

又此虛境，因被微細的無明妄想所執，似乎覺得這虛境，與一心有異，相相不一；不知心外無境，卽此所執，亦是妄境。但今所執的妄境，較前執以爲實的粗境爲細，所以名爲虛境。因彼執實的粗境滅，所以說爲妄境滅。這是第三段。

此三段文，要以前之執實爲粗，今之執虛爲細。粗則易斷，所以前滅；細則難斷，故須漸除。直至除滅，方與金剛經上所說「無實無虛」雙破有空之理相契。

△酉二明漸除之由。分三：戌一因末驗本。

以此論之，非直果時迷事無明滅息，無明住地亦少分除也。若不分分漸除者，果時無明不得分分漸滅。但相微難彰，是故不說住地分滅也。今且約迷事無明滅後，以說住地漸滅因由。卽知一念發修已來，亦能漸滅也。

文分四句：(1)明上文未明之義：「此」字指上文而言。「直」字與但字義同。以上文而論，非但果時的迷事無明息滅；同時子時的迷理住地無明，亦少分漸除。(2)以本驗末，明漸除之理：倘若根本的子時無明不分分漸除；果時的枝末無明，怎能分分漸滅？如水源不塞，流何以斷？(3)明上文不說之由：因住地無明漸滅之相，極其微細，難以彰顯，所以上文不說。⑷明今說之由：今且於迷事無明滅除之後，復說迷理無明同時漸滅之由；便知自初發心時，一念修觀行已來，就漸漸的除滅了。並不是現在才開始漸滅。

△戊二正明滅由。

此義云何？謂：以二義因緣故，住地無明業識等，漸已微薄。二義者何？一者，知境虛智熏心故，令舊無明住地習氣及業識等漸除也。何以故？智是明法，性能治無明故。二者，細無明虛執及虛境熏心故，雖更起無明住地等，卽復輕弱，不同前迷境等所熏起者。何以故？以能熏微細故，所起不覺，亦卽薄也。以此義故，住地無明業識等，漸已損滅也。

本文一問、二答、三結。問謂：上文說「果時無明滅，住地亦少分除。」此有何義？答謂：因爲有二義因緣，使住地無明及業識等，漸已微薄，所以住地無明，亦少分除。什麼是二義因緣？⑴以始覺的「知境虛智」亦名「無塵智」反熏本覺淨心，使舊有依心緣起的無明住地習氣及業識等，逐漸除滅。何以故？因爲智是「明」的法藥，性能對治「無明」的闇病之故。⑵以子時無明的妄想「虛執」，及所執的「虛境」，反熏淨心，雖更能緣起無明住地等；然已輕微薄弱，與前迷境無明所熏起的住地強硬不同。何以故？因爲能熏的力量微細，所起的不覺，也就薄弱了。結謂：以此二義因緣故，所以住地無明及業識等，都漸已損減除滅了。

△戍三例後結前。

如迷事無明滅後，既有此義。應知一念創始發修之時，無明住地卽分滅也。以其分分滅故，所起智慧分分增明，故得果時迷事無明滅也。

「如」字，乃舉上文爲例。「此義」，乃指二義因緣。謂：例如上文於果時的迷事無明滅後，既有此二義因緣，使住地無明漸滅。可知在迷事無明未滅之前，最初從名字入觀行，一念創始發心修行時，已知境虛無實，卽以「知境虛智」對治無明住地，使之分分除滅了。因住地分分滅故，所起的智慧，亦分分增明。所以果時的迷事無明，才得除滅，登圓初信位。

△未四分眞覺。

自迷事無明滅後，業識及住地無明漸薄故，所起虛狀果報，亦轉輕妙，不同前也。以是義故，似識轉轉明利，似色等法，復不令意識生迷。以內識生外色塵等，俱細利故，無塵之智倍明，無明妄想極薄。還復熏心，復令住地無明業識習氣，漸欲向盡，所現無塵之智，爲倍明了。如是念念轉轉熏習故，無明住地垂盡。所起無塵之智，卽能知彼虛狀果報，體性非有，本自不生，今卽無滅，唯是一心，體無分別。以唯心外無法故。此智卽是金剛無礙智也。

本科爲明迷事無明滅後，自十住位漸修漸進，分分證眞，直至金剛心時的修行歷程。「迷事無明滅後」——就是前相似位中，斷了三界見思通惑，及其餘習旣盡的圓信位。「業識及住地無明漸薄」——就是自初住到十地，分分斷惑之相。「虛狀果報，亦轉輕妙」——依正二報，皆唯心現，故名「虛狀」。初住已上菩薩的相好莊嚴，就是正報輕妙；居實報土，就是依報輕妙。果報旣轉輕妙，當與未轉已前的五濁垢重不同，故又曰「不同前也」。

「以是義故」已下，爲基於以上所說「住地漸薄，果報輕妙」之義，分五番展轉熏修，予以申明：(1)似識展轉熏修，洞明銳利，不爲似色等法所迷惑。(2)因內識及外色塵等，俱轉細利，使無塵智倍加明了，無明妄想亦極薄弱。(3)再熏淨心，使住地無明、業識、習氣、有漸欲空盡的趣向，到此就證入圓十地了。(4)此時所現的無塵智，更加倍明了，展轉熏習，使無明住地瀕臨垂盡，到此就證入等覺位了。(5)此時所起的無塵智，卽能證知虛狀果報的體性非有，本不生滅，唯是一心，更無分別，因唯心外，無別法故。到此無塵智，勢如金剛，無所障礙，所以就轉名爲金剛無礙智了。也就是金剛心後，進修妙覺的無間道。

△未五究竟覺。

此智成已，卽復熏心。心爲明智熏故，卽一念無明習氣，於此卽滅。無明盡故，業識染法種子習氣，卽亦隨壞。是故經言：『其地壞者，彼亦隨壞。』卽其義也。

「此智」指等覺後心的金剛智而言。行者縱證等覺，而異熟識裏，尚有垂盡未盡的一念無明習氣，須以金剛智斷之，才能登妙覺果地。故此智既成，即以此智再熏淨心；心為金剛（明智）所熏，則一念無明習氣盡滅；無明既盡，那業識染法的種子習氣，也就隨之而壞了。「是故」已下，乃引經為證。「其地」指無明習氣。「彼」指業識染法種子，其義易明。這就是所謂「金剛道後異熟空」的究竟妙覺。上來明能覺淨心義竟。

△午二明淨心自覺義。

種子習氣壞故，虛狀永泯。虛狀泯故，心體寂照，名為體證眞如。何以故？以無異法為能證故。即是寂照，無能所證之別，名為無分別智。何以故？以此智外，無別有眞如可分別故。此即是心顯成智。智是心用，心是智體；體用一法，自性無二。故名自性體證也。

自上科由名字覺一念創始發修以來，智慧分分增，無明分分滅，直到究竟覺位，終因無明種子習氣壞故，而有即非有的虛狀，亦永泯息滅，不復為空華所誑惑了。一往虛狀未泯，全眞即妄；今虛狀既泯，則全妄即眞，唯一心體寂照而已，放曰「虛狀泯故，心體寂照」。宗圓記云：「心即淨心，照即是覺，淨心寂體自覺，故云寂照。」淨心寂體，即是眞如；自覺即是自證；淨心自覺，即是自體自證，自證自體，故曰「體證眞如」。此下有兩句「何以故」中明此自證之由。

第一句何以故，約能、所不二以明，謂：除自體之照，證自體之寂外，別無異法爲能證者，故曰「卽是寂照」。旣無能證、所證之別，合當名爲「無分別智」了。止觀釋要說此智爲「大圓鏡智」。第二句何以故，約智外無眞以明，謂：此智卽是自寂自照，自體自證的眞如。除此智外，別無眞如可作分別。假使智外別有眞如，那就是以智覺體，不名爲淨心自覺了。再向下，以體用不二，總結前義。

此智非他，原是淨心顯現而成，故曰「心顯成智」。旣是心顯成智，可知智卽心之用，心卽智之體；體用一法，自性無二了。自性，卽是眞如自體，故名「自性體證」。亦卽是自體自證，自證自體的「體證眞如」。此明淨心自覺。上來總釋返妄歸眞義竟。

△辰三舉喻結成。

如似水靜內照，照潤義殊，而常湛一。何以故？照潤潤照故。心亦如是寂照義分，而體融無二。何以故？照寂寂照故。照寂順體，寂照順用。照自體，名爲覺於淨心；體自照，卽名爲淨心自覺；故言二義一體。此卽以無分別智爲覺也。淨心從本已來，具此智性，不增不減，故以淨心爲佛性也。此就智慧佛以明淨心爲佛性。

此舉喻以明覺於淨心，與淨心自覺，二義體一之理，來結束辨智慧佛性的一大科文。「

如似」已下，舉水爲喩，謂：譬如：水必止其波動，使之澄靜，然後才能澈底內照。「靜」卽潤濕之體；「照」卽鑑照之用。照用、潤體，各具一義，故曰「照潤義殊」。然二義雖殊，而其湛然清淨之體，却是常一，故曰「而常湛一」。「何以故」下，以「照潤潤照」釋明常湛一之故，謂：照而常潤，潤而常照；卽照是潤，卽潤是照，故常湛一。

「心亦如是」句下，以法合喩。謂：淨心亦具寂體、照用二義，故曰「寂照義分」。此與「照潤義殊」喩合。然，寂照之義雖分，而體融無二。此與「湛一」喩合。「何以故」句下，以「照寂、寂照」釋明無二之故。謂：照而常寂，寂而常照；卽照是寂，卽寂是照故，所以「體融無二」。此與「照潤潤照」喩合。順體而言，卽照是寂，故曰「照寂順體」。順用而言，卽寂是照，故曰「寂照順用」。照寂，就是照自體，名爲「覺於淨心」。寂照，就是體自照，名爲「淨心自覺」。

「故言二義一體」句下，總結前文。謂：由於照自體，及體自照故，所以「覺於淨心」與「淨心自覺」，言雖二義，而體實無別。這就是以「無分別智」爲「覺」了。良以自性清淨心，從本已來，卽具此無分別的智性，在聖不增，在凡不減，所以就以此淨心爲「佛性」了。這是就智慧佛，以明淨心爲佛性的。上來辨智慧佛性竟。

△卯二辨報應佛性。

又此淨心自體，具足福德之性，及巧用之性。復爲淨業所熏，出生報應二佛。故以此心爲佛性也。

又此自性清淨心體，本來具足福德性，及巧用性。福德性，復爲六度萬行等的淨業所熏，便能出生報佛。巧用性，復爲淨業所熏，便能出生應佛。「報佛」，就是諸佛於純淨土，自他受用的報身。「應佛」，就是諸佛於淨穢土，隨類應化的應身。因爲這報、應二佛，出生於淨心自體，所以就以此淨心爲佛性了。

△卯三辨出障佛性。

又復不覺滅故，以心爲覺。動義息故，說心不動。虛相泯故，言心無相。然此心體，非覺非不覺，非動非不動，非相非無相。雖然以不覺滅故，說心爲覺，亦無所妨也。此就對治出障心體，以論於覺。不據智用爲覺。

前云「心依熏變，不覺自動，顯現虛狀，」當然以不覺滅故，說心爲覺；動義息故，說心不動；虛相泯故，說心無相了。然此心體平等絕待，無論覺與不覺、動與不動、相與無相，俱不可說。如此，心體尚不得名覺，何以名爲「佛性」？豈不與前云「佛名爲覺，性名爲心」之義，相違了嗎？「雖然」下釋此謂：心體雖然非覺、不覺；若以不覺滅故，說心爲覺，與心體平等之義，亦無所妨。何則？此就對治不覺，而顯出障心體，以辨覺義，非據智用為覺而言；所以無妨。

△卯四辨平等佛性。

又復淨心本無不覺，說心為本覺。本無動變，說心為本寂。本無虛相，說心本平等。然其心體，非覺非不覺；非動非不動；非相非無相。雖然以本無不覺故，說為本覺，亦無所失也。此就凡聖不二，以明心體為如如佛。不論心體本具性覺之用也。

前云「心依熏變，不覺自動，顯現虛狀。」可知淨心本無不覺、自動、顯現虛狀。若非本無，何待熏為？故以淨心本無不覺，說為本覺；本無動變，說為本寂；本無虛相，說為本來平等了。然心體平等絕待，那有覺與不覺、動與不動、相與無相，這些相待的名言可說？若說本覺為體，豈不與前云「本覺之義是用」之義，相違了嗎？「雖然」下辨釋此難，謂：心體雖然平等絕待，若以本無不覺故，說為本覺，也沒有什麼錯失。何則？這是就凡、聖不二的在障心體，以明如如佛性；並不是就心體本具的性覺之用而言；故與心體平等之義無失。上來約覺辨竟。

△寅三釋餘疑分四：卯一釋執性廢修疑。

問曰：『若就本無不覺，名爲佛者；凡夫卽是佛，何用修道爲？』答曰：『若就心體平等，卽無修與不修，成與不成，亦無覺與不覺。但爲明如如佛故，擬對說爲覺也。又復若據心體平等，亦無衆生諸佛與此心體有異。故經偈云：「心佛及衆生，是三無差別。」然復心性緣起法界法門，法爾不壞，故常平等，常差別。常平等故，心佛及衆生，是三無差別。常差別故，流轉五道，說名衆生；反流盡源，說名爲佛。以有此平等義故，無佛無衆生；爲此緣起差別義故，衆生須修道。』

此由不解上科平等佛性之義，隨有「凡夫卽是佛，何用修道」之執性廢修的疑問。答中文分三節，次第以釋：

若就心體平等絕待而論，那有什麼修與不修、成與不成、覺與不覺，這些相待的名言可說。不過爲明凡聖不二的如如佛故，擬對本無不覺，說爲本覺罷了。這並不是說凡夫就是佛喲。

又復若據心體平等而論，不但無修與不修等的名言可說；而且亦無衆生諸佛與此心體有異。何則？衆生是此心體的衆生；諸佛也是此心體的諸佛；此心體是衆生的心體；也是諸佛的心體。故又引華嚴經偈云「心佛及衆生，是三無差別」來作證明。此以理融事，論心體平等，也不是說凡夫就是佛喲。

然復以心體隨緣現起的法界法門，法爾自然不壞之故，所以有體常平等，用常差別的二義。倘非法爾不壞，那就沒有平等的體，差別的用，緣起法界法門的常理了。因為常平等故，所以心、佛、眾生，三無差別。常差別故，所以有隨生死流，而輪轉於獄、鬼、畜、人、天的五道，名為眾生；有從「名字覺」開始反生死流，到「究竟覺」盡其本源，名之為佛。以常平等的理而論，固無所謂佛與眾生；以常差別的理而論，那眾生就須要修道，然後才能反流盡源而成佛。誰說「凡夫即是佛，何用修道」來？

△卯二釋本有不覺疑。

問曰：『云何得知心體本無不覺？』答曰：『若心體本有不覺者，聖人證淨心時，應更不覺；凡夫未證，得應為覺。既見證者無有不覺，未證者不名為覺，故定知心體本無不覺。』問曰：『聖人滅不覺故，得自證淨心，若無不覺，云何言滅？又若無不覺，即無眾生。』答曰：『前已具釋，心體平等，無凡無聖，故說本無不覺。不無心性緣起，故有滅有證，有凡有聖。又復緣起之有，有即非有，故言本無不覺，今亦無不覺。然非不有，故言有滅有證，有凡有聖。但證以順用入體，即無不覺，故得驗知心體本無不覺。但凡是違用，一體謂異，是故不得證知平等之體也。』

前廣辨文中有「云何知此眞心非是不覺」之問。今文又有「云何得知心體本無不覺」之問。此二問不同的關鍵，在「非是」與「本無」。靈峯大師說：「前疑眞心全體不覺。今疑眞心具有覺與不覺」。問既不同，答亦不同，仔細玩味便知。然今文有二問二答，玆依次明之如下：

初問：『云何得知心體本無不覺？』此由不解上文「常差別」義而起的疑情。疑謂：『旣以常差別故，而有流轉五道的衆生，反流盡源的佛；豈非覺與不覺的二體並存？又怎知心體本無不覺呢？』答謂：『假使心體本有不覺的話；那聖人證淨心時，就應當更加不覺；凡夫未證淨心，就應當名之爲覺。今旣見證的聖者，無有不覺；未證的凡夫，不名爲覺。可見不覺本無，因迷而有，所以決定知道心體本無不覺。』

次問：『聖人滅不覺故，得自證淨心。若無不覺，云何言滅？又若無不覺，卽無衆生。』此對本無不覺的疑情，由聞上文的解答，而愈疑愈深。疑謂：『聖人證淨心時，當然先滅不覺，而後得證；然則若無不覺，何以言滅？旣云凡夫未證，不名爲覺；那末若無不覺，不是就沒有衆生了嗎？』答中分三番破釋，以明本無不覺：

第一番約平等、差別二義以釋：⑴心體平等，絕諸對待，無凡、無聖。覺名尙無，何況不覺？故言『本無不覺』此就平等義釋。⑵然此心性，不無隨緣現起的差別：隨染緣現起，而有當滅不覺的凡夫；隨淨緣現起，而有證得淨心的聖者。故曰『有滅、有證、有凡、有聖』**此就差別義釋。**

第二番約緣起中的實無、假有二義以釋。以緣起的「有」，如空華水月，具有「有卽非有」的實無；及「非不有」的假有二義：⑴以實無而論，不但本無不覺，卽今亦無不覺。此就實無義釋。⑵以假有而論，那就有滅、有證、有凡、有聖的差別了。此就假有義釋。

第三番約違、順二用以釋：⑴聖人順平等理而起淨用，證入心體，便是大覺。以此驗證，方知心體本無不覺。此就順用以釋。⑵凡夫違平等理而起染用，妄認一體，謂爲有異。所以不得證知平等心體的本無不覺。此就違用以釋。

△卯三釋自然因緣疑。

問曰：『心顯成智者，爲無明盡故，自然是智？爲更別有因緣？』答曰：『此心在染之時，本具福智二種之性不少一法，與佛無異。但爲無明染法所覆故，不得顯用。後得福智二種淨業所熏，故染法都盡。然此淨業除染之時，卽能顯彼二性，令成事用，所謂相好、依報、一切智等。智體，自是眞心性照之能。智用，由熏成也。』

此由昧於卽平等而常差別，卽差別而常平等；及全性起修，全修在性之理；而疑平等爲自然，差別爲因緣。隨擧前淨心自覺科中的「心顯成智」之句問曰：『所謂心顯成智者：此智，爲無明盡泯之故，心體本具有自然之智呢？還是心外別有成智的因緣？若自然是智，則常差別之義，便不能成立。若別有因緣，則常平等之義，不是也不能成立嗎？』

問中雙具自然、因緣二種疑情。答亦雙破。玆分五節明之如下：(1)『在染之時，本具福、智二性，與佛無異。』此以卽差別而常平等，破非因緣。(2)『但爲無明染法所覆，不得顯用。』此以卽平等而常差別，破非自然。(3)『後得二種淨業所熏，染法都盡。』淨業非心外法，卽全性起修，亦非自然。(4)『除染之時，卽顯彼二性，令成事用……等。』此顯性以成事，卽全修在性，亦非因緣。(5)『智體，自是眞心性照之能；智用由熏成也。』上句卽前淨心自覺科中所謂的『心是智體』。下句卽所謂的『智是心用』。二句合明，卽所謂的『體用一法，自性不二』。此心顯成智，名爲「自性體證」，非因緣，亦非自然。釋要說爲「超諸戲論」。

△卯四釋無明心性疑。

問曰：『心顯成智，卽以心爲佛性。心起不覺，亦應以心爲無明性？』答曰：『若就法性之義論之，亦得爲無明性也。是故經言：「明與無明，其性無二，無二之性，卽是實性。」也。』

問意謂：『智由心顯，不覺亦由心起。旣因心顯成智之故，以心爲佛性；亦應因心起不覺故，以心爲無明性嘮？』此由不解「心體亦名法性，而爲一切染淨諸法的本體。」所起的疑情。故答曰：『若就法性之義論之，亦得爲無明性。』又引涅槃經句：「明與無明，其性無二；無二之性，即是實性。」爲證。靈峯大師釋謂：『智如水，無明如冰。水以濕爲性，冰亦以濕爲性。若知濕性無二，則水與冰徒有名字，惟濕爲實性耳。然就取用義强，但云水濕可耳，何必言冰濕哉？又既知冰性元濕，則決不離冰覓水，亦決不執冰爲水矣。』

靈峯大師舉譬顯理的解釋，太好了！使學人不難從所引證的經文中，了解到智與無明，同以一心爲性。不過偏就智用義强，但說心顯成智爲佛性；不說心起不覺爲無明性罷了。明乎此，就理事無礙了。既不會迷理執事，離不覺而覓智；也不會迷事執理，以不覺爲智而混爲一談了。上來釋佛性竟。

筆者案：南嶽大師對「佛性」的釋義，不惜苦口婆心，初略釋、次廣辨。復於廣辨中，初約不覺辨，次約覺辨，最後釋疑，並引經爲證。可謂理析毫芒，事括精粗，有根有據，雖頑石亦知點頭了。乃竟有更比頑石還頑劣十分的增上慢人，反誣大師誤解經文的「明與無明，其性無二」爲眞如法性裡含有明與無明的染淨二性，並謗之爲佛教所不許的「二元論」。不知我們佛教，方便假立的名數多得很，例如：三身、四智、七菩提、八聖道等，說之不盡，即以「諸法實相」來說，難道是「諸元論」不成？何況染淨二性，是染淨二法之性；染淨名別，而性實無二呢？如何能以「二元論」訾之？這種人，豈非比頑石還頑劣十分嗎？

△子四釋法身。

問曰：『云何名此心以爲法身？』答曰：『法以功能爲義；身以依止爲義。以此心體有隨染之用，故爲一切染法之所熏習。卽以此心隨染故，能攝持熏習之氣；復能依熏顯現染法。卽此心性能持能現二種功能，及所持所現二種染法，皆依此一心而立，與心不一不異，故名此心以爲法身。此能持之功能，與所持之氣和合故，名爲子時阿賴耶識也。依熏現法之能，與所現之相和合故，名爲果報阿黎耶識。此二識，體一用異也。然此阿黎耶中，卽有二分：一者染分，卽是業與果報之相。二者淨分，卽是心性及能熏淨法，名爲淨分。以其染性卽是淨性，更無別法故。由此心性爲彼業果染事所依，故說言生死依如來藏，卽是法身藏也。又此心體，雖爲無量染法所覆，卽復具足過恒河沙數無漏性功德法。爲無量淨業所熏故，此等淨性，卽能攝持熏習之氣；復能依熏顯現諸淨功德之用。卽此恒沙性淨功德，及能持能現二種功能，並所持所現二種淨用，皆依此一心而立，與心不一不異，故名此心爲法身也。』

此釋法身一科分爲三段：第一段約體用總標名義。第二段約隨染釋法身義。第三段約隨淨釋法身義。玆依次明之如下：

第一段總標名義：通常解釋法身，多偏重於不變之體；此釋法身，則兼及隨緣之用。故曰：「法以功能爲義，身以依止爲義。」此即約功能釋「法」以顯用；約依止釋「身」以顯體。亦即體不離用，用不離體，體用不二之義。然，染法、淨法，都叫做法，都有功能之用，又都依止於一體。故向下約隨染、隨淨釋法身時，即以此總標名義爲張本。

第二段約隨染釋法身義。分三：㈠釋法身義——今分二節以明：⑴釋功能，以明體不離用：以此心體有隨染的功能，所以才能爲染法所熏；才能攝持熏習之氣；才能依熏顯現染法。假使心體無隨染之能，縱爲染法所熏，亦不能攝持習氣，顯現染法。⑵釋依止，以明用不離體：即此心性能持、能現的二種功能，及所持、所現的二種染法，都是依此一心而建立的。能所差別，所以「不一」；心體平等，所以「不異」。最後一句「故名此心以爲法身」總結隨染法身義成。㈡明法身體狀——體狀就是相狀。今分三節以明：⑴明功能體狀：此能持習氣的功能，與所持的習氣和合，叫做子時阿黎耶識。亦名業識。即起信論所謂三細中的業相。釋要說爲種子。能現染法的功能，與所現染法的相狀和合，叫做果報阿黎耶識。即三細中的現相、境界相。釋要說爲現行。問：阿黎耶識名爲子時則可，何以亦名果報？答：種子能熏現行，亦爲現行所熏。約能熏現行時論，名爲子時；約爲現行所熏而論，名爲果報。然此識既就三細而說，當屬界外細惑；那就應以心依熏變的自動爲子時；顯現虛狀爲果報了。⑵明依止體狀：此子、果二識，同爲阿黎耶，故云「體一」。然子能持，果能現，故言「用異」。⑶明二分體狀：法身雖隨染緣名阿黎耶識，而性淨不變，所以阿黎耶識裡，具有染、淨二分。染分就是業識與果報之相；淨分就是心性，及其能熏的淨法。性體絕待，非染非淨，不過約用明體，假說有染性、淨性而已；實則染、淨名異，性實無二，故曰「染性卽是淨性，更無別法。」因此依性緣起的阿黎耶識，不可能有染無淨，有用無體。這正同起信論云：「依如來藏有生滅心，所謂不生不滅與生滅和合，非一非異，名阿黎耶識。」若合符節。彼論所謂的「依如來藏」就是依性緣起；「不生不滅」就是淨分；「生滅」就是染分；「非一非異」就是染淨名異，性實無二，染性卽是淨性。㈢明法身藏義——由此心性有隨染的功能，爲彼業果的染事所依。業果，就是由業因所感的生死果報，所以說生死依如來藏。法身在纏名如來藏，所以如來藏，就是法身藏，名異而義一。

第三段約隨淨釋法身義。分二節以明：⑴釋功能，明體不離用：又此心體，雖隨染緣，在衆生位，而爲無量染法所覆；却仍舊具足超過了恒河沙數無有煩惱漏失的性淨功德。此性具淨德，若爲六度、三學等的無量淨業所熏，便能攝持此熏習之氣，使之不失；又能依熏顯現諸淨功德的妙用，而修成佛果。此卽所謂依體起用。⑵釋依止，明用不離體：卽此恒河沙數的性淨功德，及其能所持現的功德淨用，都是依此一心而建立的。與此心體雖不一而亦不異。此卽所謂攝用歸體。最後以「故名此心爲法身」一句，總結隨淨的法身義成。

筆者按：本書的章法組織，極有系統，初出衆名，次釋名義。在出衆名科裡，略擧一心有七種異名。本科就是辨釋七種異名之一的「法身」名義，所以第一句卽設問曰：「云何名此心以爲法身？」乃有自稱三寶弟子的增上慢人，竟不知此一「心」字，爲何所指，反怨恨古人用這個「心」字，把他跟弄糊塗了；於是痛罵大師此書爲魔說！像這樣毀辱三寶的三寶弟子，縱依孔子說：「非吾徒也，小子鳴鼓而攻之！」亦不爲過吧？

△子五釋如來藏。

問曰：『云何復名此心爲如來藏？』答曰：『有三義：一者能藏名藏；二者所藏名藏；三者能生名藏。所言能藏者，復有二種：一者如來果德法身；二者衆生性德淨心；並能包含染淨二性，及染淨二事，無所妨礙。故言能藏名藏。藏體平等，名之爲如；平等緣起，目之爲來。此卽是能藏名如來藏也。第二所藏名藏者，卽此眞心，而爲無明㲉藏所覆藏故，名爲所藏也。藏體無異無相，名之爲如；體備染淨二用，目之爲來。故言所藏名藏也。第三能生名藏者，如女胎藏，能生於子。此心亦爾，體具染淨二性之用，故依染淨二種熏力，能生世間、出世間法也。是故經云：「如來藏者，是善不善因。」又復經言：「心性是一，云何能生種種果報。」又復經言：「諸佛正徧知海，從心想而生也。」故染淨平等，名之爲如；能生染淨，目之爲來。故言能生名如來藏也。』

本科釋如來藏有三義：1雙約在纏、出纏，明能藏義。2單約在纏，明所藏義。3直約現前一念，明能生義。玆依次明之如下：

(1)明能藏有二種：一是論修，則出纏如來，修成果德所顯的淨心，名爲「法身」。二種是論性，則在纏衆生，性德本具的法身，名爲「淨心」。無論如來的法身，衆生的淨心，都屬平等一性。若性理、若事相，都不出此平等一性之外，故曰「並能包含染、淨二性，及染、淨二事。」然「染淨二性」不過是約事辨性的方便說法，實則二性無二，還是平等一性。怎樣叫約事辨性？性不可知，由事而顯。例如：諸佛能隨染緣應化六道；隨淨緣現依正莊嚴。衆生能隨染緣起惑、造業、受生死苦；隨淨緣修行，轉凡成聖。這凡聖的染淨二事，都是依平等一性而緣起的，故知此性具染淨二性。換言之，此性就是染、淨二事的性。既是染淨二事的性；染淨二事，豈非性具？如是事不礙性，性何妨事，故曰「無所妨礙」。這就是能藏名「藏」之義。此能藏的性體，凡聖平等，所以名之爲「如」。平等緣起的事用，熾然繁興，所以名之爲「來」。這就是以眞心能藏染淨，名爲「如來藏」了。

(2)明所藏名藏：怎樣叫做所藏？就是眞心爲無明㱿藏所覆藏。㱿音確，鳥卵也。此以㱿喻無明爲能藏。以在㱿的飛騰之性，喻在纏眞心爲所藏。以在㱿的飛騰之性遇孵卽出，喻在纏眞心遇熏卽顯。這就是所藏名藏之義。眞心雖爲無明㱿藏所覆藏，而其平等之體，並無變異，亦非有相，故名爲「如」。然此平等之體，却復具備了差別的染、淨二用，故名爲「來」。這也就是以所藏名「如來藏」了。

(3)明能生名藏：怎樣叫做能生名藏？就是「如女胎藏，能生於子。」此以胎藏喻心體；子喻染淨二用。胎藏以孕育之功，而能生子；心體依染淨熏力，能生世、出世間的染淨諸法。復引三經爲證：一引楞伽經云：『如來藏者，是善不善因。』證明如來藏，能生善惡業果。二引華嚴經，文殊菩薩問覺首菩薩云：『心性是一，云何能生種種果報？』覺首菩薩答中有云：『法性無所轉，示現故能轉。』上句明心性不變之體，下句明能生果報之用。三引觀無量壽經云：『諸佛正偏知海，從心想生。』此明佛知一切法平等爲「正」；無所不知爲「偏」；喻之如海。此諸佛如海之深的正偏知，皆從不變隨緣的心想而生。即所謂「是心是佛，是心作佛。」這就是能生名藏之義。染淨平等的心體，名之爲「如」；能生染淨的事用，名之爲「來」這又是以能生義，名爲「如來藏」了。

△子六釋法界。

問曰：『云何復名淨心以爲法界？』答曰『法者法爾故。界者性別故。以此心體，法爾具足一切諸法，故言法界。』

此釋自性清淨心，名爲法界的所以。先別釋：「法」乃天然性具，「法爾」即天然之義；故以「法爾」釋「法」曰：「法者，法爾故」。「界」有性理不變、隨事差別二義；故以「性別」釋「界」曰：「界者，性別故」。次合釋：以此自性清淨心體，法爾具有染淨二性，隨緣現起十法界的差別因果。故曰：「法爾具足一切諸法」。這就是淨心所以名爲「法界」之義。

△子七釋法性。

問曰：『云何名此淨心以爲法性？』答曰：『法者，一切法。性者，體別義。以此淨心有差別之性，故能與諸法作體也。又性者，體實不改義。以一切法，皆以此心爲體。諸法之相，自有生滅，故名虛妄。此心眞實，不改不滅，故名法性也。』

此對自性清淨心，何以名爲法性，有雙重解釋：一約不變隨緣的差別性釋：三千性相，無非是法，所以釋法爲「一切法」。心體雖不改變，却不無隨緣現起的差別事用，約用明體，所以釋性爲「體別」。因此自性清淨心體，具有諸法差別之性，所以能與染淨諸法作體，故名「法性」。二約隨緣不變的眞實性釋：性以體實不改爲義，一切法都以此心性爲體。然而一切法之相，自有生滅，例如：器世間有成住壞空；有情世間有生老病死，所以名爲「虛妄」。而此眞心，不改不變，不生不滅，所以名爲「法性」。

△癸三總結釋名。

其餘實際，實相等無量名字，不可具釋。上來釋名義竟。

以一心而立的名稱，在經教中，除已上七名以外，還有：眞實如理至於窮極的「實際」；離了虛無妄相的「實相」等無量無邊之多的名字，不可完全具釋。上來釋名義，到此已竟結束了。

△壬三辨體狀。分二：癸一標科略指。

次出體狀。所言體狀者，就中復有三種差別：一擧離相以明淨心。二擧不一不異以論法性。三擧二種如來藏以辨眞如。雖復三種差別，總唯辨此一心體狀也。

此於一心初釋名義之後，次復辨其體狀。體狀，就是相貌。若但知名義，不辨體狀，將何所依止而修止觀？就體狀中，三種差別，即是標科。末句總辨一心，就是略指。三種差別是：㈠約離相以明淨心：淨心無相，若有相即非淨心。故金剛經云：「凡所有相，皆是虛妄」又云：「離一切諸相，則名諸佛。」可知離相就是淨心，淨心就是諸佛了。此以離相，辨淨心體狀。㈡約不一不異以論法性：諸法之性，不可執一，也不可執異。執一則迷事，執異則迷理。迷事則偏於體一，迷理則偏於用異。故以不一不異，辨法性體狀。㈢約二如來藏以辨眞如：心體平等，妙絕染淨，即如來藏空義。體具染淨，即如來藏不空義。以此空、不空二如來藏，辨眞如體狀。淨心、法性、眞如，皆同體異名。雖從名異而有三種差別，總唯辨此一心體狀而已。

△癸二依科廣釋。分三：子一舉離相以明淨心。分二：丑一正明離相。

第一明離相者，此心卽是第一義諦眞如心也。自性圓融，體備大用。但是自覺聖智所知，非情量之能測也。故云：言語道斷，心行處滅，不可以名名，不可以相相。何以故？心體離名相故。體既離名，卽不可設名以談其體。心既絕相，卽不可約相以辨其心。是以今欲論其體狀，實亦難哉。唯可說其所離之相，反相滅相而自契焉。所謂此心從本已來，離一切相，平等寂滅。非有相，非無相，非非有相、非非無相，非亦有相、非亦無相。非去來今。非上中下。非彼非此。非靜非亂。非染非淨。非常非斷。非明非暗。非一非異等，一切四句法。總說，乃至非一切可說可念等法。亦非不可說，不可念法。何以故？以不可說，不可念，對可說可念生，非自體法故，卽非淨心。是故但知所有可說、可念、不可說、不可念等法，悉非淨心。但是淨心所現虛相。然此虛相，各無自實，有卽非有，非有之相，亦無可取。何以故？有本不有故。若有本不有，何有非有相耶？是故當知淨心之體，不可以緣慮所知，不可以言說所及。何以故？以淨心之外，無一法故。若心外無法，更有誰能緣能說此心耶？是以應知所有能緣能說者，但是虛妄不實，故有。考實無也。能緣既不實故，所緣何得是實耶？能緣所緣皆悉不實故，淨心既是實法，是故不以緣慮所知也。譬如眼不自見，以此眼外，更有他眼能見此眼，卽有自他兩眼。心不如是，但是一如，如外無法。又復淨心不自分別，何有能分別取此心耶？而諸凡惑分別淨心者，卽如癡人大張己眼，還覓己眼；復謂種種相貌，是己家眼，竟不知自家眼處也。是故應知有能緣所緣者，但是己家淨心爲無始妄想所熏故，不能自知己性，卽妄生分別，於己心外建立淨心之相，還以妄想取之以爲淨心。考實言之，所取之相，正是識相，實非淨心也。

今釋此文，分爲三段：(1)標示心體不可思議。(2)說所離相顯不思議。(3)舉喻以明。茲依次釋之如下：

第一段分二：(1)標示心體：此自性清淨心體，理極莫過，堪稱第一；深有所以，目之爲義；審實不謬，名之爲諦；眞實常如，亦名眞如，故曰：「此心卽是第一義諦眞如心也」。此自性清淨心體，豎窮橫遍故圓；無所障礙故融。以圓融故，具備世、出世間因果大用。卽起信論所謂的「用大」。故曰：「自性圓融，體備大用」。(2)明不可思議：然此淨心體狀，唯是「自覺聖智」所知。自覺聖智，出自楞伽經，宗圓記說爲「一切種智」。除此聖智能知淨心外，非凡夫的情識量度所能窺測。故云：「言語道斷，心行處滅。」心行之處既滅，則心無所寄，如何可思？言語之道路既斷，則言不能達，如何可議？因爲心體離名絕相，既不可設名以談其體；又怎能約相以辨其心？所以要想論淨心體狀，豈不甚難？

第二段分三：⑴標示離相：淨心體狀，既難談論，那就唯有從其所離之相，而論反相、滅相以自契悟了。釋要釋「反相」爲「卽流尋源」。釋「滅相」爲「停波得水」。此以「流」喻生滅，「源」喻不生滅；反生滅之流，回溯到不生滅的本源。以「波」喻妄想，「水」喻心體；妄想波停，心水就自然澄淨了。反相、滅相，都是離相的工夫，要離相，就必須反相、滅相。以此心體，本來如是，故曰：「此心從本以來，離一切相，平等寂滅。」一切相不外生滅、妄想。生滅相是不平等的，所以要反；反相卽是平等。妄想相是不寂滅的，所以要滅；滅相卽是寂滅。此心本來如是，所以非反相、滅相，不能離相；非離相，不能契悟本心。⑵別示離相：所離之相，約色心來說，有：有相、無相、非有非無相、亦有亦無相的四句分別。然心體既非色心，亦非有無，故曰：「非有相，非無相，非非有相非非無相，非亦有相非亦無相。」約時間來說，有：過去、未來、現在的三世。然心體不變，那分古今？故曰：「非去、來、今。」約根性來說，有：上、中、下的三等差別。然心體爲凡聖平等，不拘根性，故曰：「非上、中、下」或約方所，說有彼、此。然心體周徧，不限方所；故曰：「非彼、非此。」或約過德來說，有：解脫、結業的靜、亂；生死、涅槃的染、淨；菩提、煩惱的明、暗。或約執見來說，有：二邊的常、斷；同與不同的一、異。然心體並非過德，亦

非執見，故曰：「非靜非亂、非染非淨、非明非暗、非常非斷、非一非異。」已上自「非去來今」乃至「非一非異」，皆可以有無例成四句。如「非有去來今，非無去來今，非非有去來今非非無去來今，非亦有去來今非亦無去來今。」或以去來對成四句，或以去今對成四句。如此，則四句之法無窮，不勝枚舉，故以一「等」字括之，結曰「等一切四句法」。(3)總示離相：所離的一切四句法，名目繁多，說之不盡。總而言之，一切思議的可說念法，及不思議的不可說念法，都屬所離之相，故皆非之曰：「非一切可說可念等法，亦非不可說不可念法。」因「不可」與「可」，是彼此相對而生，非自體法，所以應離。淨心自體，絕待平等，非可思議，非不可思議，所以離相，並非離體。由是可知所有的可說念，與不可說念等法，都非淨心，不過是淨心所現的虛相罷了。然此虛相，都沒有他們各自的實體，有即非有。這「非有」之相，也同「有相」是一樣的不可執取，所以應離。何以故？「有相」尚屬非有，那有「非有」之相？是故當知，淨心之體，不是妄識分別的緣慮所能知，也不是假名言說所能及。何以故？心外無法，試問：誰爲能緣，誰爲能說？應知所有的能緣、能說，虛妄故有，考實則無。能緣既是虛相，所緣豈是實有？然此淨心既是實法，必須離彼虛相，方能契悟。如何能以緣慮知此淨心？

第三段分二：(1)異喩反合：譬如眼雖不能自見；但自眼之外，更有他人之眼，能見自眼。此自、他二眼之喩，與一心不同，是爲「異喩」。淨心則不如是，唯是一心平等，無別自、他。故曰：「但是一如，如外無法。」又淨心既不自作分別，那有能分別者，執取自心之理？此以「一心」與「二眼」之喻相合，是爲「反合」。⑵同喩正合：凡夫愚惑，分別淨心；好像癡人張眼覓眼，還說出種種相貌，是自家眼；竟不知自家的眼，究在何處？此以癡人張眼覓眼，喻凡愚分別淨心，向外馳求，是爲「同喩」。當知，凡有能緣、所緣者非他；但是自家淨心爲無始妄想所熏，不能自知已性；卽妄生分別，於己心之外，建立淨心之相；不知淨心無相，還以妄想取之，以爲淨心。考實言之，妄想所取之相，正是識相，實非淨心。此以「於己心外，建立淨心」，與「張眼覓眼」之喩相合。以「妄心取之，以爲淨心」，與「說種種相貌，是自家眼。」之喩相合。是爲「正合」。正明離相竟。

筆者案：文中的「自性」一詞，乃「自性淸淨心」的簡稱。第一義諦、眞如、法性等的異名，不但在本書中屢見不鮮，就是在其餘的經論中，也比比皆是，如：楞伽經中有「性自性第一義心」等句。圓覺經中有「無作自性」之句。六祖壇經有「何期自性，本自淸淨。」乃至「何期自性，能生萬法。」等句。起信論中亦有「眞如自性」等句。可見佛祖道統，如出一轍，是何等的嚴正了。乃彼盲瞑無知的增上慢人，旣說本書無「自性」明文，又誣罔本書的「性具染淨二性」爲能具所具，卽是「自性」；又謗此「自性」爲能生十界的上帝。簡直瞎說！

△丑二巧示方便。

問曰：『淨心之體，既不可分別。如諸衆生等，云何隨順而能得入。』答曰：『若知一切妄念分別，體是淨心，但以分別不息，說爲背理。作此知已。當觀一切諸法，一切緣念，有卽非有，故名隨順。久久修習，若離分別，名爲得入。卽是離相體證眞如也。』此明第一離相以辨體狀竟。

上科說淨心之體，言語道斷，心行處滅，不可思議。然則，淨心既不可思議，諸衆生等，如何能隨順修行，而得證入呢？答有三義：一解：若知一切妄念分別的體是淨心，則全妄卽眞。譬如波體是水，全波卽水。若知但以分別不息，背於淨心之理，則全眞卽妄。譬如波浪不止，背於水止之理，則全水卽波。作此知解，卽是由名字覺，入觀行覺了。二行：既知解已，當依知解對一切諸法的妄境，一切緣念的妄想，起「有卽非有，唯一心作」的觀行。不執虛狀爲實，使妄想及妄境俱滅。如是觀行，就叫做「隨順」。也就是由觀行覺，入相似覺位了。三證：由相似而分眞、而究竟，歷階修習的行程尚遠，故曰「久久修習」。直至金剛道後，離了垂盡的一念微細分別，就叫做「得入」。所謂得入，就是入究竟覺位，得自體自證，自證自體，無別能證所證的「體證眞如」。上來擧離相以辨淨心體狀竟。

△子二擧不一不異以論法性。

次明不一不異以辨體狀者。上來雖明淨心離一切分別心，及境界之相；然此諸相，復不異淨心。何以故？此心體雖復平等，而卽本具染淨二用。復以無始無明妄想熏習力故，心體染用依熏顯現。此等虛相無體，唯是淨心，故言不異。又復不一，何以故？以淨心之體，雖具染淨二用，無二性差別之相，一味平等，但依熏力所現虛相差別不同。然此虛相，有生有滅；淨心之體，常無生滅，常恒不變，故言不一。

此明第二不一不異以辨體狀竟。

初句標示科目。已下先釋「不異」，次釋「不一」茲依次列左。

釋不異文中，先諜前起後，謂：「上科雖明自性清淨心體，離一切分別妄想，及境界妄相；然此諸相，却又與淨心不異。」次釋不異之義，謂：「爲什麼諸相與淨心不異？因此心體，雖爲平等一性；然而，卽此淨心本體，却復具有染、淨二性之用；再加無始已來的無明妄想熏習之力，則此心體本具的染用，便依熏習之力而顯現虛相；此等虛相，本無自體，唯以淨心爲體，故曰『不異』。」此不異之理，如全水成波，全波卽水。明乎此，則不致於相外別覓淨心，返妄便是歸眞了。

釋不一文中，先問：「既言虛相與淨心不異，何以又說虛相與淨心不一？」次答：「因爲淨心之體，雖具染、淨二用，却無染、淨二性的差別之相，一味平等。以此而論，雖言不異；但依熏習之力，所顯現的虛相，却差別不同；而此虛相有生有滅，淨心之體，無生無滅，常恒不變，所以又說『不一』。」此不一之理，如波有起落，水無起落。明乎此，則不致於執相以爲淨心，而迷眞逐妄了。此擧不一不異以辨淨心體狀竟。

△子三擧二種如來藏以辨眞如。分二：丑一明空如來藏。分二：寅一正明空義。

次明第三二種如來藏以辨體狀者。初明空如來藏。何故名爲空耶？以此心性，雖復緣起建立生死涅槃違順等法，而復心體平等，妙絕染淨之相。非直心體自性平等，所起染淨等法，亦復性自非有。如以巾望兎，兎體是無，但加以幻力，故似兎現。所現之兎，有卽非有。心亦如是，但以染淨二業幻力所熏，故似染似淨二法現也。若以心望彼二法，法卽非有。是故經言：「流轉卽生死，不轉是涅槃；生死及涅槃，二俱不可得。」又復經言：「五陰如幻，乃至大般涅槃如幻。若有法過涅槃者，我亦說彼如幻。」又復經言：「一切無涅槃，無有涅槃佛，無有佛涅槃，遠離覺所覺，若有若無有，是二悉俱離。」此等經文，皆據心體平等，以泯染淨二用。心性旣寂，是故心體空淨。以是因緣，名此心體爲空如來藏。非謂空無心體也。

此明空、不空二種如來藏的空如來藏。如來藏何故名之爲「空」？答中分：法說、譬說、法合、引證、總結五段。如左。

隨緣現起，名爲「建立」。隨染緣違平等理，建立「生死」；隨淨緣順平等理，建立「涅槃」；叫做「違順等法」。因此心性，雖緣起染、淨；而心體平等，却妙絕染、淨之相。何謂「妙絕」？非但心性的自體，平等絕待；就是所起的染、淨等法，亦無自體，故曰「有卽非有」是謂「妙絕」。

譬如：「以巾望兎」此以巾喻心體；兎喻染淨二法。幻巾雖現起兎相，而兎無自體；不過以咒術幻力，加之於巾，似有兎的相現而已。實則，不但巾體非兎，卽所現的兎相，也是似有實無。故曰「有卽非有」。

心體亦復如是，本無染淨，但以染淨二業的幻力所熏，故有似染、似淨，而實非染淨的二法現起，故曰「若以心體望彼二法，法卽非有。」

「是故經言」已下，是引華嚴、楞伽等經爲證。生死爲「染」，「涅槃」爲「淨」。心體平等，妙絕染淨，故生死、涅槃，俱不可得。五陰、涅槃，如以巾望兎，有卽非有。故曰：「五陰如幻，乃至大般涅槃如幻。」「乃至」二字，是超略之詞。就是從五陰到涅槃，中間尚有六根、六塵、十二處、十八界等的染法；及四諦、十二因緣、六度等的淨法，略而不說。一切法如幻，無過於此，故曰：「若有法過涅槃者，我亦說彼如幻。」「一切無涅槃」等六句，在前「雙顯二佛性」科中已釋，玆不復述。

此等經文，無非都是據心體平等，泯絕染淨二用之義。如此則心性既寂，體自空淨。這就是名此心體爲「空如來藏」的因緣。但空心體所緣起的幻相，並不是連心體都空無了。

△寅二問答遣疑。分五：卯一遣衆生現有疑。

問曰：『諸佛體證淨心，可以心體平等，故佛常用而常寂，說爲非有。衆生既未證理，現有六道之殊，云何無耶？』答曰：『眞智眞照，尚用卽常寂，說之爲空。況迷闇妄見，何得不有卽非有？』

此疑，由不了上文「自性非有」及「有卽非有」之義而起。問：諸佛體證淨心平等之理，於染、淨二用，雖常用而常寂，可以說爲「性自非有」。衆生未證平等之理，現有六道差別，事既不空，怎能說爲「非有」？答：此據聖凡不二的心體平等以論「空」義，並非約事修而言。如此，則諸佛證體的眞智照用，尚且用而常寂，說之爲「空」；何況衆生的迷闇妄見，而非「有卽非有」嗎？

△卯二遣何因迷妄疑。

問曰：『既言非有，何得有此迷妄？』答曰：『既得非有而妄見有，何爲不得無迷而橫起迷。空華之喩，於此宜陳。』

此疑，由不解上文「迷闇妄見」、「有卽非有」之理而起。疑謂：「旣心體常寂，說之爲空，何以有此迷妄？」不知心體絕待，有卽非有，乃不壞假名，卽假、卽空。所以釋謂：「心體平等，旣不拒非有而妄見之有，又何拒無迷而橫起之迷？」是義難明，應學「翳眼妄見空華」之喻以明之。卽以翳病，譬喻依心緣起非迷而迷的妄見。以空華，譬喻所見非有而有的妄有。華相旣得非有而有，翳病何爲不得非迷而迷呢？

△卯三遣無明有體疑。

問曰：『諸餘染法，可言非有。無明旣是染因，云何無耶？』答曰：『子果二種無明，本無自體，唯以淨心爲體。但由熏習因緣，故有迷用。以心往攝，用卽非有，唯是一心。如似粟麥，本無自體，唯以微塵爲體。但以種子因緣，故有粟麥之用，以塵往收，用卽非有，唯是微塵。無明亦爾，有卽非有。』

此疑由不解「無迷而橫起迷」之句而起。疑謂：「迷，就是無明。除無明外的諸餘染法，皆因無明而起，可以說爲非有；無明旣是染法之因，怎能說之爲無呢？」不知無明原無自體，說爲非有，所以釋謂：「無論根本的『子無明』，枝末的『果無明』，都無自體，唯以淨心爲體。不過由前念無明，熏習的因緣，故有後念無明的迷用妄現而已。若以淨心攝之，泯用歸體，則用卽非有，唯是一心了。」玆擧喻以明：「譬如以粟麥喻無明，微塵喻心體。

粟麥乃四大假合，本無自體，而以微塵為體。不過以粟麥種子，生長熏習的因緣，故有粟麥之用現而已。如以微塵往收，泯用歸體，則用卽非有，唯是微塵了。粟麥如是，無明亦然，也是有卽非有。」

△卯四遣能熏為體疑。

問曰：『既言熏習因緣，故有迷用，應以能熏之法，卽作無明之體，何為而以淨心為體？』答曰：『能熏雖能熏他令起，而卽念念自滅，何得卽作所起體耶？如似麥子，但能生果，體自爛壞，歸於微塵，豈得春時麥子，卽自秋時來果也。若得爾者，劫初麥子，今仍應在。過去無明，亦復如是，但能熏起後念無明，不得自體不滅，卽作後念無明也。若得爾者，無明卽是常法，非念念滅。既非常故，卽如燈燄，前後相因而起，體唯淨心也。是故以心收彼，有卽非有，故名此淨心為空如來藏也。』

此由聞上文「但以熏習因緣，故有迷用。」等句，所起的疑執。疑謂：「既言以熏習因緣，故有迷用；那就應當以能熏的前念無明，作後念無明之體才是；如何說熏習之用為非有，而以淨心為體呢？」那知體非生滅，生滅無體。玆分四節釋之如下：

(一)法釋：能熏的前念無明，雖能熏起後念無明；然後念才起，前念卽滅，如此念念自滅的前無明，怎能作後念無明之體？

㈡舉喻：今以麥子喻能熏的前念無明；麥果喻所熏的後念無明；微塵喻心體。麥子但能生起麥果，體自爛壞，歸於微塵，豈得春時麥子，以不壞的自體，來作秋時的麥果嗎？（但明子果先後，不拘農時）若然，則刧初的麥子，今應尚在。

㈢法合：過去的前念無明，也是如此，像麥子一樣。他只能熏起後念無明，却不能使自體不滅，來作後念無明。若自體不滅，那無明豈非就是常法，而非念念生滅了嗎？此正合麥喻。無明既非常法，就像燈燄似的，前念滅，後念起，前後相因，唯以淨心爲體。此借喻帖合。

㈣指歸：以是之故，以淨心收彼無明，泯用歸體，有卽非有，所以名此淨心爲「空如來藏」。

△卯五遣因果一異疑。

問曰：『果時無明，與妄想爲一爲異？子時無明，與業識爲一爲異？』答曰：『不一不異。何以故？以淨心不覺，故動；無不覺，卽不動。又復若無無明，卽無業識。又復動與不覺和合俱起，不可分別，故子時無明，與業識不異也。又不覺，自是迷闇之義，過去果時無明所熏起，故卽以彼果時無明爲因也。動者，自是變異之義，由妄想所熏起，故卽以彼妄想爲因也。是故子時無明，與業識不一。此是子時無明，與業識不一不異也。果時無明，與妄想不一不異者：無明，自是不了知義，從子時無明生，故卽以彼子時無明爲因。妄想，自是浪生分別之義，從業識起，故卽以彼業識爲因。是故無明妄想不一。復以意識不了境虛故，卽妄生分別。若了知虛，卽不生妄執分別。又復若無無明，卽無妄想；若無妄想，亦無無明。又復二法和合俱起，不可分別，是故不異。此是果時無明，與妄想不一不異也。以是義故，二種無明是體，業識妄想是用。二種無明，自互爲因果。業識與妄想，亦互爲因果。若子果無明互爲因者，卽是因緣也。妄想與業識互爲因者，亦是因緣也。若子時無明起業識者，卽是增上緣也。果時無明起妄想者，亦是增上緣也。』上來明空如來藏竟。

此疑由不解上文「熏習」等義而起。疑謂：無明與妄識，非一則異，非異則一。無論是一是異，熏習之義，都不能成立。何則？若異，則法理不能相應，如何熏習？若一，則無能所之別，誰熏習誰？所以問曰：「爲一爲異？」那知一異俱非，都落情見。所以先總答以「非一非異」，次別釋其故。

子時無明與業識的不一，有二義；不異，有三義。不異的三義是：(1)「淨心不覺，故動；無不覺，卽不動。」此約起義而論。不覺，就是無明。動，就是業識。業識由無明故起；無無明，故無業識。所以「不異」。(2)「若無無明，卽無業識。」此約更互有無而論。無明與業識，此有則彼有，此無則彼無。所以「不異」。(3)「動與不覺，和合俱起，不可分別。」此約和合而論。業識與無明，和合不分，同時俱起。所以「不異」。不一二義是：(1)約相異而論：無明是迷相，業識是變相。故曰：「不覺自是迷闇」。又曰：「動者自是變異」。此二法的相狀各別，所以「不一」。(2)約因異而論：子時無明，以過去果時無明熏起爲因；業識由妄想熏起爲因。此二法的起因各別，所以「不一」。這就是子時無明，與業識的「不一不異」之理。

果時無明與妄想的不一不異之理，例上可解，玆不復釋。唯宗圓記爲此不一不異之理，特設一喩以明，可供參考。文曰：「如蠟燭光燄：由蠟燭故有光燄，若無蠟燭，卽無光燄；又復光燄與蠟燭，和合俱起。此喩不異也。蠟燭色黃，光燄色紅；燭因蠟成，燄因火起。此喩不一也。」

「以是義故」已下，總結上文作三種分判。初判體用：若以業識與妄想，依二種無明而起來說，不妨假立體用之名，以二種無明爲體，業識與妄想爲用。實則無明與識想，都是依心緣起的迷用，豈眞有體？次判因果：由子時無明，生果時無明；又由果時無明，熏成子時無明。此二種無明，自互爲因果。業識與妄想，亦互爲因果，例此可知。三判二緣：若以子果無明，自互為因；妄想與業識，亦互為因而論；都叫做自法相生的「親因緣」。若以子無明起業識，果無明起妄想而論，那只能名為他法相成的「增上緣」。

以上所明：若不一不異、若體用、若因果、若二緣，無非唯依一心，虛妄建立，有即非有。故名此心為「空如來藏」。上來明空如來藏竟。

△丑二明不空如來藏。分二：寅一總立諸科。

次明不空如來藏者，就中有二種差別：一明具染淨二法，以明不空。二明藏體一異，以釋實有。第一明染淨二法中，初明淨法，次明染法。初明淨法中，復有二種差別：一明具足無漏性功德法。二明具足出障淨法。

此為明不空如來藏，所建立的科目，總有二種：一明具染、淨二法，是約藏體所具的性用，以明不空。二明藏體一異，是約具用的藏體，以明實有。實有，就是不空。無漏性功德法，是明心體本具的淨性。出障淨法，是明依熏顯現的淨事。詳釋如下科別明。

△寅二隨科各釋。分二：卯一明具染淨二法。分二：辰一明淨法。分二：巳一明具足無漏性功德法。

第一具無漏性功德者，即此淨心，雖平等一味，體無差別，而復具有過恒沙數無漏

性功德法。所謂自性有大智慧光明義故。眞實識知義故。常樂我淨義故。如是等無量無邊性淨之法，惟是一心具有。如起信論廣明也。淨心具有此性淨法，故名不空。

初句「具無漏性功德者」，爲標示科目。「卽此」已下釋義。爲明此「無漏性功德法」，乃體具之用，非心外法；所以欲明性用，先擧性體。「淨心」就是自性淸淨心體。絕待圓融，聖凡不二，故曰：「平等一味，體無差別。」「雖」字，乃開拓下文之詞，故次擧性用。離煩惱垢染，叫做「無漏」；無漏功德，差別萬千，喻爲「過恒沙數」；自性本具，故曰：「而復具有過恒沙數無漏性功德法。」

「所謂」下，引起信論文，以釋性功德法。「自性」二字，爲標示性體。已下三句，引論以釋：⑴「大智慧光明義」——大智慧，卽佛的權實二智；光明，卽智慧之相，有照闇、現法二義。⑵「眞實識知義」——此翻虛妄情見。⑶「常樂我淨義」——性體不變名「常」。寂滅永安名「樂」。得大自在名「我」。解脫垢染名「淨」。

如是等，過恒沙數無量無邊的無漏性淨之法，皆唯性具，故曰「唯是一心具有」。此義，起信論有詳細解釋，故曰「如起信論廣明」。自性淸淨心體，具有如是等性淨之法，所以名爲「不空」。

△巳二明具足出障淨法。分二：午一明果性唯心所具。

第二具出障淨德者。卽此淨心，體具性淨功德，故能攝持淨業熏習之力，由熏力故，德用顯現。此義云何？以因地加行般若智業，熏於三種智性，令起用顯現。卽是如來果德三種大智慧也。復以因地五波羅蜜等一切種行，熏於相好之性，令起用顯現，卽是如來相好報也。然此果德之法，雖有相別，而體是一心。心體具此德故，名爲不空。不就其心體義，明不空也。何以故？以心體平等，非空不空故。

衆生雖爲煩惱、業、報的三障所蔽，而其心體却具有出障的性淨功德。所以初句，卽以「具出障淨德」，標示章目。「卽此淨心」句下，約義總釋：因此淨心自體，具有淨德之性，故能於修行時，攝持淨業熏習之力，依熏顯現淨用。倘非性具，縱有熏力，亦不能使淨用顯現。「此義云何」句下，約相別釋有二：（初）約般若淨德：「因地」，對果地而言。行人在未證佛果之前的修行位次，都叫做因地。「加行」，卽精進之義。「般若」是梵語，華譯智慧，爲六度之一。今華梵並舉，以爲修因，故曰：「因地加行般若智業」。「三種智」卽一切智、道種智、一切種智。約性具言，名爲「智性」。雖具智性，要依熏顯，故曰：「熏於三種智性，令起用顯現。」若依熏顯，則三種智性，就顯發而爲如來報身果德上的三種大智慧了。亦卽所謂的般若波羅蜜。（次）約解脫淨德：梵語「波羅蜜」，此翻爲「度」。「

五波羅蜜」，就是六度除般若外的布施、持戒、忍辱、精進、禪定之五。三十二相、八十隨形好，叫做「相好」。約性具言，名爲「相好之性」。今於因地修五度等一切種行，熏於相好之性，使之起用顯現，就是如來應身果德上的相好之報了。

「然此果德」句下，約名結釋：果德之相雖殊，而體唯一心。由心體具此淨德，故名「不空」；並不是就心體明「不空」義。因心體絕待平等，無所謂空與不空。

△午二明能熏亦唯心所具。

問曰：『能熏淨業，爲從心起？爲心外別有淨法，以爲能熏耶？』答曰：『能熏之法，悉是一心所作。此義云何？謂所聞教法，悉是諸佛菩薩心作；諸佛心、菩薩心、衆生心，是一，故教法卽不在心外也。復以此教熏心解性，性依教熏以起解用，故解復是心作也。以解熏心行性，性依解熏以起行用，故行復是心作也。以行熏心果性，性依行熏起於果德，故果復是一心作也。以此言之，一心爲教，乃至一心爲果，更無異法也。以是義故，心體在凡之時，本具解行果德之性，但未爲諸佛眞如用法所熏，故解等未顯用也。若本無解等之性者，設復熏之，德用終不顯現也。如世眞金，本有器樸之性，乃至具有成器精妙之性，但未得椎鍛而加，故器樸等用不現。後加以鉗椎，樸器成器次第現也。若金本無樸器成器之性者，設使加以功力，

樸用成用終難顯現。如似壓沙求油，鑽水覓火，鍛氷爲器，鑄木爲瓶，永不可成者，以本無性故也。是故論言：「若衆生無佛性者，設使修道，亦不成佛。」以是義故，淨心之體，本具因行果德性也。依此性故，起因果之德。是故此德，唯以一心爲體。一心具此淨德，故以此心爲不空如來藏也。』

上科明淨性爲所熏、淨業爲能熏、淨德爲所現。然則，所現的淨德，是從心起，固無論矣；至於能熏的淨業，從何而起，這就成爲問題了。所以問謂：「能熏的淨業，是從心起呢？還是心外別有淨法，以爲能熏？」那知心外無法，所以答謂：「舉凡能熏之法，無非心作。」此義云何？茲分四節以明。如左：

第一節約四法別明：⑴約教——所聞敎法，都是諸佛、菩薩，從心所作；而諸佛之心、菩薩之心、衆生之心，是一而非異，所謂「心佛衆生，三無差別。」如此，則佛心所作的教法，豈能在衆生心外嗎？⑵約解——此心既具教法，當亦具有領解的「解性」。復以此教熏心解性；性依教熏，能起解用，領解教法。故「解」，亦是心作，非心外法。⑶約行——此心具解，亦具修行的「行性」。復以此解熏心行性；性依解熏，能起行用，行其所解。故「行」，亦是心作，非心外法。⑷約果——此心具行，亦具「果性」。復以此行，熏心果性；性依行熏，能起果德大般涅槃。故「果」，亦是心作，非心外法。以此而論，教、解、行、果，唯是一心，故曰「更無異法」。

第二節反正互顯：(1)正顯——能具的一性，從所具而言，謂解性、行性、果性。此三爲心體在凡之時所本具，故曰：「本具解、行、果德之性」。不過未爲諸佛眞如德用的敎法所熏；解等之性，未能顯用而已。此爲正顯性具。(2)反顯——旣未顯用，怎知性具？假使心體不具解、行、果三的因性；縱有諸佛敎法的熏緣，亦不能顯現德用之果。此爲反顯性具。

第三節設喩顯理：「如世眞金」句下，喩上正顯性具一段。以「眞金」喩心體；粗具坯形的「器樸之性」喩解性；「成器精妙之性」喩果性；「乃至」二字，超略行性；「椎鍛鉗椎」，喩能熏的淨業；「次第現」，喩解用、行用、果德的依次顯現。「若金本無樸器」句下，喩上反顯性具一段。更引「壓沙成油、鑽水覓火」等喩，以顯示若非性具，永無修成之理。

第四節引證總結：先引論言，確證性具之義：若衆生無本具佛性，縱使修道，亦不成佛。次承性具之義，結成不空：由此心體，本具因行果德之性，故起因果之德；所以此德，唯以一心爲體。由此一心具此淨德之故，所以就名此心爲「不空如來藏」了。

△辰二明染法。分二：巳一立科。

次明具足染法者，就中復有二種差別：一明具足染性。二明具足染事。

此大師自立科目。向下分科各釋。

△巳二各釋。分二：午一明具足染性。分二：未一正明。

初明具足染性者，此心雖復平等離相，而復具足一切染法之性。能生生死，能作生死。是故經云：「心性是一，云何能生種種果報。」即是能生生死。又復經言：「即是法身流轉五道，說名衆生。」即是能作生死也。

心體雖平等離相，却具有隨緣爲染，隨緣爲淨的染淨諸法之性。所以上文既明具足過恒沙數的淨性於前；今復更明具足一切染法之性於後，故曰「復具」。此心體本具的染法之性，能隨染緣起惑、造業、受生死苦報，故曰：「能生生死，能作生死。」釋要以「如水生波」喻能生；以「舉體作波」喻能作。宗圓記釋「生」是自然；「作」是稱造。總之，不外顯性具之義罷了。

「是故」句下，引經爲證。文云：「心性是一，云何能生種種果報？」初句即心體平等一味；次句即能生生死。又云：「法身流轉五道，說名衆生。」流轉，即是能作；五道衆生，即是生死。總之，引經無非爲性具染性作證，如非性具染性，云何能生生死，能作生死？此理易明。

△未二釋疑。分七：申一釋性不可轉疑。

問曰：『若心體本具染性者，即不可轉凡成聖。』答曰：『心體若唯具染性者，不可得轉凡成聖；既並具染淨二性，何爲不得轉凡成聖耶？』

問者凡有二疑：一疑心體但具染性；二疑染性即是染用。有此二疑，始據性不可改之義，發爲問難。所以釋謂：「若心體唯具染性，但能隨染緣熏變，流轉五道，可以說不能轉凡。今旣並具染淨二性，如何不得隨淨緣熏變，而轉凡成聖？」當知所謂不改者，但是平等一味的性體，而不是染用。明乎此，則不能轉凡的疑情，就釋然冰消了。

△申二釋兩性相違疑。

問曰：『凡聖之用，旣不得並起，染淨之性，何得雙有耶？』答曰：『一一衆生心體，一一諸佛心體，本具二性，而無差別之相，一味平等，古今不壞。但以染業熏染性故，卽生死之相顯矣。淨業熏淨性故，卽涅槃之用現矣。然此一一衆生心體，依熏作生死時，而不妨體有淨性之能。一一諸佛心體，依熏作涅槃時，而不妨體有染性之用。以是義故，一一衆生，一一諸佛，悉具染淨二性。法界法爾，未曾不有，但依熏力起用，先後不俱。是以染熏息故，稱曰轉凡；淨業起故，說爲成聖。然其心體二性，實無成壞。是故就性說故，染淨並具；依熏論故，凡聖不俱。是以經言：「清淨法中，不見一法增。」即是本具性淨，非始有也。「煩惱法中，不見一法滅。」即是本具性染，不可滅也。然依對治因緣，「清淨般若轉勝現前」即是淨業熏，故成聖也。「煩惱妄想盡在於此」即是染業息，故轉凡也。』

若論染淨，用是別起；性則通具。是人不達，計別起之用，疑通具之性。所以問曰：「凡聖之用，既不得並起；染淨之性，何得雙有？」向下答釋，文分五節：

㈠釋性具：無論每一衆生的心體，每一佛的心體；從本以來，都具足染淨二性。二性，並不是兩個性，一個是染，一個是淨；而是名異而體一，言染則舉體是染，言淨則舉體是淨。故曰：「無差別之相，一味平等。」無始本具，性實不改，故曰：「古今不壞」。

㈡釋用別：但以染業熏心故，染性隨熏，唯現生死，不現涅槃。以淨業熏心故，淨性隨熏，唯現涅槃，不現生死。此卽凡聖用別，不得並起之義。

㈢雙釋性用：當衆生心體，依熏作生死時，非無淨性之能。諸佛心體，依熏作涅槃時，非無染性之用。宗圓記釋此淨性卽性善，染性卽性惡。依熏作生死時，雖無修善，却有性善；作涅槃時，雖無修惡，却有性惡。並云：「觀音玄文，宗此之說」。

㈣結釋：「以是義故」句下，分兩重結釋上義：一結性具，釋古今不壞：就性而言，無論生、佛，一一悉具染淨二性。這是法界法爾自然之理，故染淨並具，實無成壞。二結用別，釋凡聖不俱：依熏而論，染業熏息，名爲「轉凡」；淨業熏起，叫做「成聖」。故起用先後，凡聖不俱。

㈤引證：「是以經言」句下，引經爲證。經言：「清淨法中，不見一法增；煩惱法中，不見一法滅。」此證染淨二性，生佛本具，非可成壞。又云：「清淨般若，轉勝現前，煩惱妄想，盡在於此。」此證淨業熏起，染業便息，卽轉凡成聖，先後不具。

筆者案：臺家性具善惡的圓理，實宗此大乘止觀，發於觀音玄義。其師資相承的法統體系，於玆可見。歷來緇素大德，禪教法匠，靡不尊仰。乃近有無知狂妄的增上慢人，於謗此大乘止觀之餘，復謗觀音玄義爲智者大師門人灌頂所僞出。難道佛經都是結經者的阿難所僞出不成？

△申三釋兩業起滅疑。

問曰：『染業無始本有，何由可滅？淨業本無，何由得起？』答曰：『得諸佛眞如用義熏心故，淨業得起。淨能除染故，染業卽滅。』

此疑者執事迷理，答則約理明事。諸佛以所證眞如爲體，師法敎義爲用，故曰：「諸佛眞如用義」。若衆生染業本有，淨性本無；可以說縱遇諸佛敎法，染業也無從得滅，淨業也無從得起。今衆生雖染業本有，而淨性本具；若得諸佛敎法熏心，則本具淨性，得隨熏緣而起淨業；淨能除染，故淨業起時，染業卽滅。何得執染業本有之事，而迷於淨性本具之理呢？

△申四釋性不相除疑。

問曰：『染淨二業，皆依心性而起，還能熏心。既並依性起，何得相除？』答曰：『染業雖依心性而起，而常違心；淨業亦依心性而起，常順心也。違有滅離之義，故爲淨除；順有相資之能，故能除染。法界法爾有此相除之用，何足生疑。』

此由不達性修違順之理，隨疑染淨二業，既並依心性而起；然性既一同，修應無別，何得以淨除染？所以釋謂：「染淨二業雖同依心性而起，然其修用却大有差別。那就是：染業雖依性起，却與心體平等之理，常相違逆；淨業亦依性起，而與心體平等之理，常相隨順。染業違心，故有滅離之義，爲淨業所除；淨業順心，故有相資之功，能除染業。此違順相除之理，爲天然妙體所本具，非假修爲，何足生疑？」

△申五釋互論相違疑。

問曰：『心體淨性能起淨業，還能熏心淨性。心體染性能起染業，還能熏心染性故。乃可染業與淨性不相生相熏，說爲相違。染業與染性相生相熏，應云相順。若相順者，即不可滅。若染業雖與染性相順，由與淨性相違，故得滅者；亦應淨業與淨性相順，由與染性相違故，亦可得除。若二俱有違義故，雙有滅離之義，而得存淨除染；亦應二俱有順義故，並有相資之能，復得存染廢淨。』答曰：『我立不如是，何爲作此難？我言淨業順心故，心體淨性即爲順本。染業違心故，心體染性即是違本。若偏論心體，即違順平等。但順本起淨，即順淨心不二之體，故有相資之能。違本起染，便違眞如平等之理，故有滅離之義也。』

心體染淨二性，是約能生染淨二業而得名；實則心體平等，二性不二。上文說違心順心之義，即是約染淨二業對心體平等之理的違順而言。聞者不達，妄計染淨二性與染淨二業，相對生熏而論違順，發爲問難。故於問中先立違順定義爲三：⑴示生熏義——心體淨性能起淨業，還熏淨性；染性能起染業，還熏染性。⑵辨相違義——淨性不能生起染業，染業亦不能還熏淨性，說爲相違。⑶辨相順義——染性能生染業，染業還熏染性，說爲相順。據此違順定義，再作三番問難：⑴若染業與染性相順，那染業就不是可滅法了；如何說染業可滅？⑵若說染業與淨性相違，所以得滅的話；那淨業與染性相違，豈非亦可滅除？⑶若說染業與淨性、淨業與染性，二俱相違，故得存淨除染者；那淨業與淨性、染業與染性，二俱相順，亦得存染廢淨嗎？

以上問難，由不達違順正義而起，故於答中，先責其非難，再示以正義。謂：「我的立義，並非如此，何得以此爲難？我言淨業順心，起於心體淨性；染業違心，起於心體染性；故以淨性爲順本，染性爲違本。這顯然是約染淨二業，以論違順。若偏論心體，則違順二本，平等無二；但由順本所起淨業，即順此淨心不二之體，故有相資之能，以除染業。由違本所起的染業，便違眞如平等之理，故有滅離之義，爲淨業所除。」

△中六釋本末同滅疑。

問曰：『違本起違末，便違不二之體，即應並有滅離之義也。何故上言法界法爾具足二性，不可破壞耶？』答曰：『違本雖起違末，但是理用，故與順一味，即不可除。違末雖依違本，但是事用，故即有別義，是故可滅。以此義故，二性不壞之義成也。』問曰：『我仍不解染用違心之義，願爲說之。』答曰：『無明染法，實從心體染性而起，但以體闇故，不知自己及諸境界，從心而起；亦不知淨心具足染淨二性，而無異相，一味平等。以不知如此道理故，名之爲違。智慧淨法，實從心體而起，以明利故，能知己及諸法，皆從心作；復知心體具足染淨二性，而無異相，一味平等。以如此稱理而知故，名之爲順。如似窮子，實從父生，父實追念。但以癡故，不知己從父生，復不知父意，雖在父舍，不認其父，名之爲違。復爲父誘說，經歷多年，乃知己從父生，復知父意，乃認家業，受父教勅，名之為順。衆生亦爾，以無明故，不知己身及以諸法，悉從心生。復遇諸佛方便教化故，隨順淨心，能證眞如也。』

此大師假設問答，辨釋違末違本，滅不滅義。問：「違末的染業，起於違本的染性。是則本末俱染，俱違心體；那就應當染業與染性，並有滅離之義啊；何以上言法爾具足染淨二性，不可破壞呢」

釋謂：「違本的染性，雖起違末的染業，但是心性理體，隨緣起用的功能，故曰『但是理用』。然心體平等，隨染之性，卽是隨淨之性；違本卽是順本，名雖異而體實一，故曰『與順一味』。旣與順一味，如何可除？違末雖依違本而起，但屬事相之用，卽離心體平等之理，而成差別，所以可滅。以此違末可滅，違本不可除之義故，染淨二性不可破壞之義，就成立了。」

南嶽大師悲心痛切，猶慮學人對已上所釋染業違心的深義，仍未徹了，故再興問端，為之詳釋。問意在違，釋則違順互顯。玆分：法、譬、合三節以明。如左：

㈠法釋：無明染法，就是染業。此法雖從心體染性而起，但因法體為無明闇鈍之故，有二種道理不能了知：一不知自身及一切境界，皆從心起；二不知自性清淨心體具足染淨二性，且此二性無異無相，一味平等。既不知此二種道理，便是捨本逐末，所以名之爲「違」。智慧淨法，就是淨業。此法實從心體淨性而起，因其法體爲智慧明利之故，能稱性了知二種道理：一能知己身及一切染淨諸法，皆從心作；二能知心體具足染淨二性，無異無相，一味平等。既能如此稱性而知，便是去末歸本，所以名之爲「順」。此說違顯順，說順顯違，違順互顯。

㈡舉譬：初譬違義——以「窮子」喻衆生無明。「癡」喻無明體闇。「不知父生」喻不知己及境界，從心而起。「不知父意」喻不知染淨二性一味平等。次譬順義——以「爲父誘說」喻佛方便說教。「知從父生」喻能知己及諸法，皆從心作。「復知父意」喻能知染淨二性一味平等。「乃認家業，受父教勑」喻領會佛法，受佛教化。

㈢法合：衆生亦然，如彼窮子，以無明故，違於心體平等之理，竟不知己身及諸法境界，皆從心生，以致忘本逐末。復遇諸佛方便教化之故，隨順自性清淨心體，一味平等之理，而證眞如。

△申七釋相違不熏疑。

問曰：『既知無明染法與心相違，云何得熏心耶？』答曰：『無明染法，無別有體，故不離淨心。以不離淨心故，雖復相違而得相熏。如木出火炎，炎違木體而上騰，以無別體，不離木故，還燒於木。後復不得聞斯譬喻，便起燈爐之執也。』」此明心體具足染性，名爲不空也。

疑謂：「若說無明染法，與心相順，熏心則可；既說與心相違，南轅北轍，如何可以熏心？」此疑由不達無明無別有體，不離淨心之理而起。所以釋謂：「無明染法，起於自性清淨心體的隨染之性，以其不知從心而起，忘本逐末，說名爲違；並非離淨心外，別有自體，叫做違心。以不離淨心之故，雖說相違，亦得相熏。』

茲再方便設喻以明：以木喻淨心；火喻無明；燒木喻熏心。如木中出火，火燄違於木體而上騰；但火非離木，別有火體；以不離木故，還復燒木。設喻原爲顯理，後人聞此譬喻，無明熏心之理既明，不得妄起燈爐之執，謂燈爐之火，何不還燒燈爐？須知燈爐之火，起於油炭等的然料，並非起於燈爐啊。

最後總結具足染性一大科文，謂：「此明心體具足染性，名爲不空也」。

△午二明具足染事。

次明心體具足染事者，卽彼染性，爲染業熏故，成無明住地及一切染法種子。依此種子，現種種果報。此無明及與業果，卽是染事也。然此無明住地及以種子果報等，雖有相別顯現，說之爲事，而悉一心爲體，悉不在心外。以是義故，復以此心爲不空也。譬如明鏡所現色像，無別有體，唯是一鏡，而復不妨萬像區分不同。不同之狀，皆在鏡中顯現，故名不空鏡也。是以起信論言：因熏習鏡，謂如實不空。一切世間境界，悉於中現，不出不入，不失不壞，常住一心。以一切法，卽眞實性故。以此驗之，具足世間染法，亦是不空如來藏也。上來明具足染淨二法，以明不空義竟。

此釋心體具足染事。分爲：正明染事、釋不空義、設喻以顯、引論證成四節以明。如左：

㈠正明染事：「卽彼染性，爲染業熏故，成無明住地及一切染法種子。」無明住地，卽根本無明，前在釋佛性科中已解。種子，爲生果之因，故曰「依此種子，現種種果報。」種子爲染業所熏，約染業言，名爲業因；所感果報，名爲業果，故曰「此無明及與業果，卽是染事。」

㈡辨不空義：然此無明住地，及種子果報等，雖名相差別，說之爲事；但事屬虛幻，皆唯心現，故曰「悉一心爲體」。心外無法，故曰「悉不在心外」。因此義故，所以又名此心爲不空如來藏。

㈢設喻以顯：以明鏡喻心體，色像喻染事。謂：「心體具足染事，譬如明鏡所現色像，並非別有自體，唯是一鏡。雖唯一鏡，却不妨色像萬差，區別不同；而此不同的像狀，又都在鏡中顯現，所以就名此鏡爲不空鏡了。」

㈣引論證成：此引起信論四鏡之第二云：「因熏習鏡，謂如實不空。」此標釋章目。謂鏡心能作現法之因，及內熏之因；有其自體性德，如實不空。不空有二義：一、染事不空；二、淨德不空。向下卽是釋能作現法之因，以明染事不空之義。「一切世間境界」卽是染事。「悉於中現」卽是依心變現。既依心現，非從內出，非從外入，故曰「不出不入」。雖不出不入，却不無緣起諸法顯現，故曰「不失」。不異眞如，如鏡同影，無能傷害，故曰「不壞」。諸法皆依一心而住，故曰「常住一心」此會相歸性，故曰「一切法卽眞實性故」。末句結成：以此論文驗證，不但具足出世淨法，卽此具足世間染法，也是不空如來藏。上來明具足染淨二法，以明不空義竟。

△卯二明藏體一異。分三：辰一立科。

次明藏體一異以釋實有義。就中復有六種差別：一明圓融無礙法界法門。二明因果法身名別之義。三明眞體在障出障之理。四明事用相攝之相。五明治惑受報不同之義。六明共不共相識。

前明不空如來藏中，既有性用與事用；故於今文辨其爲一爲異以釋實有。實有，卽是不空。此立科文自分爲六：⑴明圓融無礙法界法門——一不礙異，異不礙一，即一而異，即異而一。此即一眞法界的法門。⑵明因果法身名別之義——法身本體是一，因、果名別爲異。⑶明眞體在障、出障之理——眞體是一，在障、出障爲異。⑷明事用相攝之相——事用是異，相攝爲一。⑸明治惑受報不同之義——此約能治所治的性、事，以辨一異。⑹明共不共相識——此約識性與識，以辨一異。總之，此六科無非爲明如來藏體不空之義。

△辰二詳釋。分六：巳一明圓融無礙法界法門。分三：午一直明法界體一。

第一明圓融無礙法界法門者。問曰：『不空如來藏者，爲一一衆生，各有一如來藏，爲一切衆生，一切諸佛，唯共一如來藏耶？』答曰：『一切衆生，一切諸佛，唯共一如來藏也。』

前明不空如來藏，具足染淨二法，則一切衆生，一切諸佛，唯共一如來藏的圓融無礙之理，不言可喻。然大師慈悲，猶慮聞者不達，故特設此問答以明。既一切生佛，唯共一如來藏，則法界法門，豈有一法而非圓融無礙嗎？所以靈峯大師云：「以要言之，一一佛、一一生，一一淨性、一一淨事，一一染性、一一染事，無非如來藏之全體大用；非分如來藏以爲染淨性事；亦不因一一染淨性事，遂成多多如來藏也。」

△午二具明染淨性事。分二：未一標章。

問曰：『所言藏體具包染淨者，爲俱時具，爲始終具耶？』答曰：『所言如來藏具染淨者，有其二種：一者性染性淨；二者事染事淨。如上已明也。若據性染性淨，卽無始以來，俱時具有。若據事染事淨，卽有二種差別：一者一一時中俱具染淨二事；二者始終方具染淨二事。』

此藉問答標列章目，以備辨釋。問中但言藏體所具的染淨，爲一時俱具呢，還是始終別具？答中分爲性、事之二，以淸眉目：一爲性染性淨；二爲事染事淨。「若據」下正示具法。謂：「若據性染性淨而論，則性非修成，亦非修斷，法爾如是，故爲無始以來，俱時具有。若據事染事淨而論，則事屬修爲，那就有二種差別了：一約多人來說，則染淨二事，同時俱具；如同時有人起惑造業而爲凡，有人斷惑證眞而成聖。二約一人來說，則染淨二事，始終方具；如始而爲凡，終至成聖。」

△未二釋示。分二：申一釋性染性淨俱時具有。

此義云何？謂如來藏體，具足一切衆生之性，各各差別不同，卽是無差別之差別也。然此一一衆生性中，從本已來，復具無量無邊之性。所謂六道四生、苦樂好醜、壽命形量、愚癡智慧等，一切世間染法；及三乘因果等，一切出世淨法。如是等無量差別法性，一一衆生性中，悉具不少也。以是義故，如來之藏，從本已來，俱時

具有染淨二性。以具染性故，能現一切衆生等染事，故以此藏爲在障本住法身，亦名佛性。復具淨性故，能現一切諸佛等淨德，故以此藏爲出障法身，亦名性淨法身，亦名性淨涅槃也。

此緊躡上文所標章目，釋性染性淨俱時具有。玆分爲十界通釋、界界別釋、總結三節以明。

㈠十界通釋：宗圓記釋「一切衆生」謂通指十界而言。若但指九界，則與如來藏體圓具染淨二性之理相違。因爲九界望佛界皆染，唯佛獨淨之故。又，旣稱如來藏體，佛號如來，則本具佛界可知。十界是有差別的，藏體是無差別的。以無差別的藏體，具差別的十界，就是無差別的差別。

㈡界界別釋：一一衆生，旣同以一如來藏體爲性，豈有不互具之理？是則一一界各具餘九爲十；十復互具爲百；百復互具爲千；乃至無量無邊之性，本來如是，非從今始，故曰：「一一衆生性中，從本已來，復具無量無邊之性。」宗圓記謂：「向天台談一界具十，十界具百者，意出南嶽，卽今文也。」

「所謂」下，示十界差別法性，以明俱具。所謂十界，卽六道四聖。六道，卽：天、人、阿修羅、地獄、鬼、畜的六種輪迴道途。論其生理，有：胎、卵、濕、化四生的類別；論其報果，有：苦、樂、好、醜、壽命長短、形量大小、愚癡、智慧等的不同。此爲世間染法。四聖，卽以三乘的四諦、十二因緣、六度爲因；證聲聞、緣覺、菩薩、佛爲四聖果。此爲出世淨法。如是等無量差別的法性，一一衆生性中，都完全具足，絲毫不少。

㈢總結：據以上釋義，可知如來藏俱時具有染淨二性了。因其具有染性，故能隨緣現起一切衆生染事；雖隨緣現起染事，而藏體本來常住，依舊不變，故名此藏爲在障本住法身，亦名佛性。因其具有淨性，能現一切諸佛淨德；所以又名此藏爲出障法身，亦名性淨法身。法身爲大般涅槃三德之一，所以又名爲性淨涅槃。

△申二釋事染事淨俱時具有。分二：酉一明一時俱有。

然諸一一衆生，無始已來，雖復各各具足染淨二性，但以造業不同故，熏種子性，成種子用，亦卽有別。種子用別故，一時之中受報不同。所謂有成佛者，有成二乘果者，有入三塗者，有生天人中者。復於一一趣中，無量差別不同。以此論之，如來藏心之內，俱時得具染淨二事。如一時中，一切時中，亦復如是也。

染淨二性，雖爲一一衆生無始本具，並無差別；但由宿昔造業的不同，業能熏性成爲種子，種子復起現行，而成事用，這就大有差別了。由於種子用別之故，所以一刹那間，一一衆生受報不同。「所謂有成佛者」等四句，正明十界受報不同。惟文中，隱菩薩於成佛，合修羅於三塗天人而已。「復於一一趣中」二句，明每一界中受報不同。如同一人界，有富貴、貧賤、賢、愚、壽、夭等的無量差別。總之，約多人受報不同，顯染淨二事，起於如來藏心的染淨二性，故總結曰：「以此論之，如來藏心裏，俱時得具染淨二事。非但一時如此，即一切時中，也是如此。」

△酉二明始終方具。

然此一一凡聖，雖於一時之中，受報各別；但因緣之法無定，故一一凡聖，無始已來，具經諸趣，無數迴返；後遇善友，敎修出離，學三乘行，及得道果。以此論之，一一衆生，始終乃具染淨二事。何以故？以一衆生受地獄身時，無餘趣報；受天報時，亦無餘趣報；受一一趣中一一身時，亦無餘身報。又受世間報時，不得有出世果；受出世果時，無世間報。以是義故，一衆生不得俱時具染淨二事，始終方具二事也。一切衆生亦如是。是故如來之藏，有始終方具染淨二事之義也。

此先結前文多人一時受報，俱具二事；次示今文一人多時受報，始終方具二事。凡聖諸法，無非因緣所生，染因緣生染法，淨因緣生淨法，故曰：「因緣之法無定」。「一一凡聖」一句下，正明無定。聖在未出離前，與凡無異，具經六道輪迴，不計其數，故曰：「一一凡聖，無始已來，具經諸趣，無數迴返。」所以諦閑大師引水陸道場文云：「鑽馬腹，入驢胎，鑊湯爐炭經幾回，纔從帝釋殿前過，又向閻君鍋裏來。」後遇善友，教以修學出離輪迴的三乘行法：修四諦、十二因緣法，得聲聞、緣覺道果；修六度菩薩行，得佛道果。以此而論，一一衆生，豈非始迷終悟，先後乃具染淨二事嗎？

「何以故」句下，辨始終具相。約六道辨：每一衆生同時不得受二趣報，例如：受地獄身時，無餘趣報；乃至受天報時，亦無餘趣報。約世、出世間對辨：受世間報時，不得有出世果；受出世果時，無世間報。

「以是義故」句下，總結上義。據此可知一切衆生，始終方具染淨二事。因此，具足染淨性事的如來藏體，豈非亦有始終方具二事之義嗎？

△午三正明無礙圓融。分三：未一法說。分五：申一明無差而差之理。

問曰：『如來之藏，具如是等無量法性之時，爲有差別，爲無差別？』答曰：『藏體平等，實無差別，卽是空如來藏。然此藏體，復有不可思議用故，具足一切法性，有其差別，卽是不空如來藏。此蓋無差別之差別也。此義云何？謂非如泥團具衆微塵也。何以故？泥團是假，微塵是實。故一一微塵，各有別質，但以和合成一團泥，此泥團卽具多塵之別。如來之藏，卽不如是。何以故？以如來藏是眞實法，圓融無二故。』

問意謂：「無量法性，是有差別的；藏體，是無差別的。若如上說，如來藏具無量法性時，究竟是有差別呢，還是無差別？」答中先示二義：⑴若以藏體平等而論，實無差別，此卽如來藏所以名爲空義。⑵若以具用而論，無量法性，則有差別，此卽如來藏所以名爲不空義。然此性用，卽體便是，非別有法，故曰：『此蓋無差別之差別』。

「此義云何」句下，設喩反顯。怎樣叫做反顯？此藏體具無量法，與泥團具衆微塵不同，故曰：「非如泥團，具衆微塵。」「何以故」下，卽釋此反顯之理。泥團爲微塵和合而成，離微塵卽無泥團，故隨情而言：「泥團是假，微塵是實。」實則泥團微塵，無非幻妄。由於微塵各有別質，和合成一泥團；故此泥團，不過是具有別質的多塵而已。如來藏，可不是這樣的，藏體是實，非如泥團爲微塵所假合；所具諸法，乃全體起用，非如微塵之各有別質；體用不二，無礙圓融，故曰：「以如來藏是眞實法，圓融無二故。」

△申二明全理成事。

是故如來之藏，全體是一衆生一毛孔性。全體是一衆生一切毛孔性。如毛孔性，其餘一切所有世間一一法性，亦復如是。如一衆生世間法性，一切衆生所有世間一一法性，一切諸佛所有出世間一一法性，亦復如是。是如來藏全體也。

「是故」二字，指上科所謂「如來藏是眞實法，圓融無二」之故。所以本科約全理成事，自狹至廣，分三番例推，以明圓融：⑴初示如來藏全體，是一毛孔性；也是一切毛孔性。⑵次以毛孔性爲例，推至世間一切法性，也一樣的是如來藏全體。⑶再次以一衆生世間法性爲例，推至一切生佛世出世間法性，也一樣的是如來藏全體。總之，以如來藏性，眞實圓融，不可分裂之故；所以一切法性，無分廣狹，都是舉如來藏的全體而成，非是少分。

△申三明全事攝理。

是故舉一衆生一毛孔性，卽攝一切衆生所有世間法性；及攝一切諸佛所有出世間法性。如舉一毛孔性，卽攝一切法性；舉其餘一切世間一一法性，亦復如是，卽攝一切法性。如舉世間一一法性，卽攝一切法性；舉一切出世間所有一一法性，亦復如是，卽攝一切法性。

「是故」二字，指上科所明「全理成事」之故。所以本科約隨事顯性，而論相攝。亦自狹至廣，作三番例推，以明圓融：⑴初舉一毛孔性，卽攝一切生佛世、出世間法性。⑵次以一毛孔性，攝一切法性爲例；推及其餘的一切世間一一法性，也一樣的攝一切法性。⑶再次以世間一一法性，攝一切法性爲例；推及一切出世間一一法性，也一樣的攝一切法性。當知性體是一，隨事差別，卽無差而差；以之相攝，卽差而無差。是爲圓融無礙。亦卽所謂的「理事無礙法界」。

△申四明全事攝事。

又復如舉一毛孔事，即攝一切世出世事。如舉一毛孔事，即攝一切事；舉其餘世間出世間中一切所有，隨一一事，亦復如是即攝一切世出世事。何以故？謂以一切世間出世間事，即以彼世間出世間性爲體故。是故世間出世間性，體融相攝故，世間出世間事，亦即圓融相攝無礙也。

「又復」下標舉：一毛孔事，即攝一切世、出世事。此以小攝大，以一攝多；小大互容，一多相即。「如舉」下例推：以一毛孔事，攝一切事爲例；推及世、出世間，隨一一事，也都攝盡一切世、出世事。「何以故」下釋義：世、出世事，既全攬藏性之理而成，即是以藏性爲體；因此，藏性既體融相攝，性具的世、出世事，也就圓融相攝無礙了。此即所謂的「事事無礙法界」。

△申五結成差即無差。

是故經言：『心佛及衆生，是三無差別。』

上來歷明藏體具足一切法性，是無差之差。乃至舉一毛孔事，及一切世、出世事，皆以藏性爲體，又是差即無差。故引華嚴經偈「心佛及衆生，是三無差別。」以證成此理。是心成佛，亦成衆生，就是無差之差。佛及衆生，同具一心，就是差卽無差。以此爲證，可知體用不二，圓融相攝無礙了。

△未二喻說。分五：申一喻無差而差之理。

譬如明鏡，體具一切像性，各各差別不同，卽是無差別之差別也。若此鏡體，本無像性差別之義者，設有衆色來對，像終不現。如彼熾火，雖復明淨，不能現像者，以其本無像性也。旣見鏡能現像，定知本具像性。以是義故，此一明鏡，於一時中，俱能現於一切淨穢等像，而復淨像不妨於穢，穢像不妨於淨。無障無礙，淨穢用別。雖然有此像性像相之別，而復圓融不異，唯是一鏡。

此喻無差而差之理，分爲：正喻、釋喻、帖喻反顯、結歸圓融四節以明。

㈠正喻：以「鏡體」喻藏體平等，卽是空如來藏。「具一切像性」喻藏體具足一切法性，卽是不空如來藏。鏡體雖無差別，而像性却各各差別不同，卽是無差別的差別。

㈡釋喻：「若此鏡體，本無像性之義者，設有衆色來對，像終不現。」此喻藏體若不具有染淨之性，縱遇衆緣，染淨之事，也終於不能顯現。

㈢帖喻反顯：此以熾火帖附鏡喻。謂：「熾火雖復明淨，不能現像，以其本無像性之故。」反顯旣鏡能現像，定知其本具像性。並喻旣藏體能顯現染淨之事，當知其本具染淨之性了。

㈣結歸圓融：「以是義故」句下意謂：「此一明鏡，同時能現淨穢等像，互不妨礙。雖有像性與像相之別，而圓融不異，唯是一鏡。」此喻藏體俱時現染事淨事，各不相妨，雖具染淨性事之別，而圓融無礙，唯是一心，無差而差。

△申二喻全理成事。

何以故？謂以此鏡全體是一毛孔像性故；全體是一切毛孔像性故。如毛孔像性，其餘一一微細像性、一一粗大像性、一一淨像性、一一穢像性等，亦復如是，是鏡全體也。

此喻全理成事，文分二節：⑴初句「何以故」下，喻如來藏全體，是一毛孔性；也是一切毛孔性。⑵「如毛孔像性」句下，喻以毛孔性爲例，展轉推及一切生、佛，世、出世間法性，也是如來藏的全體，而非少分。

△申三喻全事攝理。

是故若舉一毛孔像性，卽攝其餘一切像性。如舉一毛孔像性，卽攝一切像性；舉其餘一一像性，亦復如是卽攝一切像性也。

此喻全事攝理，亦分二節：⑴初句「是故」已下，喻前擧一毛孔性，卽攝世、出世間一切法性。⑵「如擧一毛孔像性」句下，喻前以一毛孔性攝一切法性爲例，展轉推及一切世、出世間一一法性，也是如此攝一切法性。

△申四喻全事攝事。

又若擧一毛孔像相，卽攝一切像相。如擧一毛孔像相，卽攝一切像相；擧其餘一一像相，亦復如是卽攝一切像相。何以故？以一切像相，卽以彼像性爲體故。是故一切像性體融相攝故，一切像相亦卽相融相攝也。

此喻全事攝事，分爲三節：⑴初句「又若」下，喻前擧一毛孔事，卽攝一切世、出世事。⑵「如擧」句下，喻前以一毛孔事攝一切事爲例；推及世、出世間隨一一事，亦攝一切世、出世事。⑶「何以故」句下，喻前一切世、出世事，以彼藏性爲體故，所以藏性旣體融相攝，世、出世事，也就圓融相攝無礙了。

△申五結顯差卽無差。

以是譬故，一切諸佛，一切衆生，同一淨心如來之藏，不相妨礙，卽應可信。

觀此一一像，皆以全鏡體爲性，而相融相攝的譬喻；則於一切諸佛，一切衆生，同一如來藏心，不相妨礙的差卽無差之理，就信而不疑了。

△未三引證。分三：申一引華嚴。

是故經言：『譬如明淨鏡，隨對面像現，各各不相知，業性亦如是。』此義云何？謂明淨鏡者，卽喻淨心體也。隨對者，卽喻淨心體具一切法性，故能受一切熏習；隨其熏別，現報不同也。面者，卽喻染淨二業也。像現者，卽喻心體染淨二性，依熏力故，現染淨二報也。各各不相知者，卽喻淨心與業果報，各不相知也。業者，染淨二業，合上面也。性者，卽是眞心染淨二性，合上明鏡具一切像性也。亦如是者，總結成此義也。又復長行問云：『心性是一』者，此據法性體融，說爲一也。『云何能生種種果報』者，謂不解無差別之差別，故言云何能生種種果報也。

「是故經言」已下四句，引華嚴經偈。「此義云何」下，逐句釋義。

㈠釋「譬如明淨鏡」：淨心之體，明淨如鏡，故以明淨鏡爲喩。古德有以「鏡」喩法身之體；「明」喩般若之相；「淨」喩解脫之用者。這是開「明淨鏡」爲三，以喩淨心具體、相、用三大的解釋。有謂此鏡一照一切照：照「中」是鏡；照「眞」是淨；照「俗」是明者。此以「明淨鏡」喩三智一心中得的解釋。

㈡釋「隨對面像現」：這裏有三重能所：⑴「鏡」爲能隨，「面像」爲所隨。⑵「面」

為能對，「鏡」為所對。⑶「鏡」為能現，「像」為所現。又有二種譬喻：⑴「面」喻染淨二業。⑵「像現」喻染淨二報。所以釋謂：「淨心體具染淨二性，故能受一切熏習，隨對其熏力之別，現十界染淨不同的報果。」

㈢釋「各各不相知」：此以鏡、面、像，喻淨心、業、報。業熏淨心，不自知其為能熏，熏彼所熏；淨心隨熏，不自知其為能隨，隨彼所隨；因此感得的果報，亦不自知其如何感得。

㈣釋「業性亦如是」：此以法合喻。業，卽染淨二業，合上「面」喻。性，卽染淨二性，合上「明鏡具一切像性」之喻。此業雖有差別，而性實無差之理，如鏡喻所顯，故曰：「亦如是」。

「又復」下，引經文以證藏體。文曰：「心性是一，云何能生種種果報？」此文殊菩薩以第一句據法性體融，說之為一；第二句俯為不解無差之差的眾生，大悲興問，以曉悟羣蒙。

△申二引起信。

此修多羅中喻意，偏明心性能生世間果報。今卽通明能生世出世果，亦無所妨也。

是故論云：三者用大，能生世間、出世間善惡因果故。以此義故，一切凡聖，一心

爲體，決定不疑也。

上引華嚴經中的喻意，雖是徧明心性能生世間果報；然實藏性具生世、出世果。故今卽以之通明世、出世果，亦無所妨。「是故」下，引起信論中體、相、用三大的「用大」以證成此義。世間因果，通屬六凡；出世間因果，通屬四聖。據此可知十界凡聖，同以一心爲體，決定無疑了。

筆者案：此科所引起信論文，原本無「惡」字，頗有攝法不周，致失「大」義之憾。良以本論最初立義，卽開一心而爲「眞如」、「生滅」二門；在別釋生滅門中，又立名爲「阿賴耶識」；用大既屬生滅門攝，怎能不具善惡因果？所以起信論義疏釋謂：「世間是其染用之義；出世間者淨用之義」此外尚有楞伽經云：「如來之藏，是善、不善因，能徧興造一切趣生。」南嶽大師據此加一「惡」字，確是獨具法眼，允當之至。乃彼無知狂妄的增上慢人，爲誣罔大師擅改論文，竟不惜謬解「世間」爲佛法界的實報土，而非惡染。假使「世間」是實報土的話；那末「出世間」是什麼？簡直胡扯。

△申三引契經。

又復經言：『一切諸佛法身，唯是一法身』者。此卽證知一切諸佛，同一眞心爲體。以一切諸佛法身是一故，一切衆生及與諸佛，卽同一法身也。何以故？修多羅爲證故。所證云何？謂卽此法身流轉五道，說名衆生；反流盡源，說名爲佛。以是義故，一切衆生，一切諸佛，唯共一清淨心如來之藏平等法身也。此明第一圓融無礙法界法門竟。

初引經言：「一切諸佛法身，唯是一法身。」以證明一切諸佛，同一眞心爲體。次約一切諸佛法身是一，以例一切生佛，也是同一法身。「何以故」下，引修多羅云：「法身流轉五道，說名衆生；反流盡源，說名爲佛。」證成一切生佛，唯一平等法身，決無二體。怎樣證成？平等法身有隨緣、不變二義：隨五道染緣起惑造業，流轉生死，說名衆生；然此法身仍是法身，纖毫無減。隨三乘淨緣修行斷惑，反生死流，覺盡心源，說名爲佛；然此法身亦仍是法身，纖毫無增。如此法身隨緣不變，生佛一體，差卽無差；不變隨緣，生佛宛然，無差而差；這就是圓融無礙。末句總結第一科圓融無礙法界法門竟。

△巳二明因果法身名別之義。分二：午一正明。分二：未一標章。

次明第二因果法身名別之義。問曰：『旣言法身唯一，何故上言衆生本住法身，及云諸佛法身耶？』答曰：『此有二義：一者以事約體，說此二名。二者約事辨性，以性約體，說此二名。』

此藉問答標列章目，以備辨釋。問意若謂：旣說法身唯一，何故上科圓融無礙門中，說此藏爲衆生的在障本住法身，亦爲諸佛的出障法身呢?答有二義：(1)此藏爲衆生染事之體，名「因法身」；亦爲諸佛淨事之體，名「果法身」故曰：「以事約體，說此二名。」(2)藏體旣能成染淨二事，足證其具有染淨二性；此爲「約事辨性」。藏體非染非淨，但染淨之性，却爲藏體所具；此爲「以性約體」。以此而論，亦得因、果法身二名。故曰：「約事辨性，以性約體，說此二名。」

△未二解釋分二：申一釋約事。

所言以事約體，說二法身名者。然法身雖一，但所現之相，凡聖不同。故以事約體，說言諸佛法身衆生法身之異。然其心體平等，實無殊二也。若復以此無二之體，收彼所現之事者，彼事亦卽平等，凡聖一味也。譬如一明鏡，能現一切色像。若以像約鏡，卽云人像體鏡、馬像體鏡，卽有衆鏡之名。若廢像論鏡，其唯一焉。若復以此無二之鏡體，收彼人馬之異像者；人馬之像，亦卽同體無二也。淨心如鏡，凡聖如像，類此可知。以是義故，常同常別，法界法門。以常同故，論云：「平等眞法界，佛不度衆生。」以常別故，經云：「而常修淨土，敎化諸衆生。」此明約事辨體也。

此釋以事約體，說二法身。分爲法說、譬說、法合、示義四節以明：

㈠法說：法身雖一，但其隨緣顯現的事相，却有凡聖之別；故以事約體，說有諸佛法身，及衆生法身的異名。此體因事殊，無差而差。然心體平等，實無二別；若以此無二之體，收彼所現之事，則事亦平等，那復有凡聖之別。此事從體一，差卽無差。

㈡譬說：如一明鏡，現一切像。若據像論鏡，則有現人體像之鏡，現馬體像之鏡的衆鏡之名。若廢像論鏡，則唯是一鏡，更無別異。若再以此唯一鏡體，攬彼人馬異像而論，則人像、馬像，也都同一鏡體，無二無別了。

㈢法合：在譬說中，是以「鏡」喻心體平等；「像」喻凡聖事別。餘如「以像約鏡」喻「以事約體」等，類推可知。

㈣示義：「以是義故」句下，顯示上義。法身雖隨緣而不變，叫做「常同」；雖不變而隨緣，叫做「常別」。法界法爾具此二門，故曰「法界法門」。這是正示，向下再引經論爲證：一眞法界，生佛平等，絕待圓融，那復有能度衆生的佛，及佛所度的衆生之相可著？故引論言：「平等眞界法，佛不度衆生。」以證成「常同」之義。理雖常同，事則常別，理事無礙，何妨持名念佛，常修淨土，以此門餘大道，敎化衆生，同生極樂，逕登不退。故引經云：「而常修淨土，敎化諸衆生。」以證成「常別」之義。末句結曰：「此明約事辨體也」。

△申二釋約性。

所言約事辨性以性約體，說有凡聖法身之異名者。所謂以此眞心能現淨德故，卽知眞心本具淨性也。復以眞心能現染事故，卽知眞心本具染性也。以本具染性故，說名衆生法身。以本具淨性故，說名諸佛法身。以此義故，有凡聖法身之異名。若廢二性之能，以論心體者，卽非染非淨，非聖非凡，非一非異，非靜非亂，圓融平等，不可名目。但以無異相故，稱之爲一。復是諸法之實，故名爲心。復爲一切法所依止故，名平等法身。依此平等法身有染淨性故，得論凡聖法身之異。然實無別有體，爲凡聖二種法身也。是故道一切凡聖同一法身，亦無所妨。何以故？以依平等義故。道一一凡，一一聖，各別法身，亦無所失。何以故？以依性別義故。

初二句標詞。向下分五節以明：(1)「所謂」下約事辨性。(2)「以本」下以性約體。(3)「若廢」下泯能顯體。(4)「但以」下隨義立名。(5)「是故」下總結圓融。

㈠約事辨性：眞心本具染淨二性，但是理具，而非事造，如何可知？然而理具具於事造，事造造於理具；從其能現染淨二事來看，便知其本具染淨二性；倘非本具，如何能現？所以文中明眞心能現淨德故，卽知其本具淨性；能現染事故，卽知其本具染性。

㈡以性約體：染淨二事，既爲眞心本具的染淨二性所現；則所謂染淨二性者非他，不過是染淨二事之性罷了。故約眞心本具染性來說，名衆生法身；約眞心本具淨性來說，名諸佛法身。因此，才有凡、聖法身的異名。

㈢泯能顯體：上言以染淨二性，能現染淨二事故，名二法身。然若廢二性之能而不論；單論心體，則若染、若淨、若凡、若聖、若體一用異、若涅槃之靜、生死之亂，一切皆非，圓融平等，不可名目了。

㈣隨義立名：雖心體平等，不可名目，何妨隨義假立名稱，以顯體實。故以心體無異無相，稱之爲「一」；又是諸法的眞實性體，故名爲「心」；又爲一切法所依止，故名「平等法身」；依此平等法身具有染淨二性，亦得建立凡聖法身的異名。然凡聖法身，實爲一體，無二無別，不過是名異而已。

㈤總結圓融：由於已上所明，依心體平等之義，說凡聖同一法身，固無所妨；即依染淨性別之義，說一一凡聖各有法身，亦不爲過。

筆者案：本文於一心平等，及凡、聖法身，名異而實一之理，辨之綦詳。彼增上慢人，竟視若無覩，反誹謗大師，錯將阿賴耶識當作眞心，說法身有凡聖之異。這種人，爲謗法故，雖未捨報，其來世轉身，當在三途，不卜可知。

△午二釋疑。分三：未一釋習性疑。

問曰：『如來之藏，體具染淨二性者；爲是習以成性？爲是不改之性耶？』答曰：

『此是理體用不改之性，非習成之性也。故云：「佛性大王」。非造作法，焉可習成也。佛性卽是淨性，既不可造作故，染性與彼同體，是法界法爾，亦不可習成。』

「性」字的釋義，雖有：因義、別義、體義等多種；然以事理區分，不外「習成」與「不改」二義。習成屬事，不改屬理。然則，上言「如來之藏，體具染淨二性」的性，不知事理誰屬，是習以成之的性呢？還是不改之性？答釋：此約理體之用，不改爲性；非約習成。所以佛性稱爲大王，有統攝全能，自在之義；非造作法，怎可習成？佛性，卽是淨性，既爲法界法爾，不可造作；應知染性與淨性同體，亦是法界法爾，非可習成。

△未二釋有性疑。

問曰：『若如來藏體具染性，能生生死者；應言佛性之中有衆生，不應言衆生身中有佛性。』答曰：『若言如來藏體具染性，能生生死者，此明法性能生諸法之義。若言衆生身中有佛性者，此明體爲相隱之語。如說一切色法，依空而起，悉在空內；復言一切色中，悉有虛空。空喩眞心，色喩衆生，類此可知。以是義故，如來藏性能生生死，衆生身中悉有佛性，義不相妨。』

問意若謂：「若如來藏體具染性，能生生死的話；那就應當但說佛性之中有衆生，何以又說衆生身中有佛性呢？」

答中分正答、舉譬二節以明。㈠正答有二義：⑴說如來藏體能生生死，是明法性能生諸法之義。法性既能生諸法，諸法當為法性所具。法性屬理，諸法屬事。此即理具於事。⑵說眾生身中有佛性，是明佛性之體，為眾生的事相所隱覆。佛性既為眾生所隱，眾生身中豈無佛性？佛性屬理，眾生屬事，此即事具於理。㈡舉譬：如說根境等的一切色法，盡在空內；又說一切色中，皆有虛空。此以空喻眞心，色喻眾生；以此類推，可知如來藏性能生生死，眾生身中皆有佛性，二義各不相妨了。

△未三釋立名疑。

問曰：『眞如出障，既名性淨涅槃；眞如在障，應名性染生死，何得稱為佛性耶？』答曰：『在纏之實，雖體具染性故，能建生死之用；而即體具淨性故，畢竟有出障之能，故稱佛性。若據眞體具足染淨二性之義者，莫問在障出障，俱得稱為性淨涅槃，並合名性染生死。但名涉事染，化儀有濫，是故在障出障，俱匿性染之義也。又復事染生死，唯多熱惱；事淨涅槃，偏足清涼。是以單彰性淨涅槃，為欲起彼事淨之泥洹。便隱性染輪迴，冀得廢斯事染之生死。若孤題性染，或者便則無羨於眞源。故偏導清升，愚子遂乃有欣於實際。是故在障出障，法身俱隱性染之名。有垢無垢，眞如並彰性淨之號。』此明第二因果法身名別之義竟。

問意若謂：「眞如在障、出障、迷悟既然不同，立名亦應有別，不容混濫。向在『釋性染性淨俱時具有』文中，既名諸佛出障眞如爲『性淨涅槃』；今應名衆生在障眞如爲『性染生死』才對，何以亦名『佛性』，豈不是迷悟得名混濫不清嗎？」

答中分爲三節：1「在纏」下爲正答。2「若據」下爲申辯。3「是故」下總結。

㈠正答：「在纏之實」就是在障眞如。此在障眞如，雖體具染性，能隨染緣建立生死；然卽此在障眞如，亦體具淨性，畢竟有隨淨緣出障的可能，所以稱爲「佛性」，不名「性染生死」。

㈡申辯分二：⑴通立二性——眞如平等一味，非染非淨，但若據體具染淨二性隨緣不變而論，則眞如在障作生死時，亦不失其體具淨性；出障作涅槃時，亦不失其體具染性。所以無論在障出障，皆得名爲「性淨涅槃」及「性染生死」。⑵偏名佛性——既得通立二性，何獨隱染彰淨？這有三種理由：一者、因生死之名，涉及事染，恐於隨機教化的儀式作法有濫，所以無論在障出障，俱隱性染之義，而偏名佛性。二者、生死的名稱，既涉及事染；涅槃的名稱，當然也涉及事淨。唯事染生死，多熱惱之過；事淨涅槃，則偏足清凉之德。所以爲使衆生起修事淨涅槃，廢棄事染生死故，單彰性淨涅槃，而隱性染輪迴。三者、衆生愚惑，不了性具染淨二性，平等一味，非染非淨之理；乍聞性染之說，以爲性是染法，便於眞源心性，無所羨慕。所以方便化導以清升的性淨之名，使之欣然進修，漸悟性具染淨，非染非淨之義而達於眞如的實際理地。

㈢總結：因此之故，無論在障出障；言法身，則俱隱性染之名。無論有垢無垢；談眞如，則並彰性淨之號。唯有如此，才能收方便善巧的曲授化導之效。末句總結第二科因果法身名別之義竟。

△巳三明眞體在障出障之理。分二：午一正明，分三：未一明體性本融。

次明第三在障出障之義。問曰：『既言眞如法身，平等無二，何得論在障出障，有垢無垢之異耶？』答曰：『若論心體平等，實無障與不障，不論垢與不垢；若就染淨二性，亦復體融一味，不相妨礙。

前科說在障、出障，有垢、無垢，以明因果法身名別之義。今科復明眞體之所以在障、出障，有垢、無垢之理。問意如文易知。答謂：若以心體平等而論，實無所謂障與不障，垢與不垢之別。若就體具染淨二性而論，則障與不障，垢與不垢，亦復同體，融為一味；既體融一味，那有障垢不障垢之別？故曰「不相妨礙」。

△未二明約用差別。

但就染性依熏起故，有障垢之名。此義云何？謂以染業熏於眞心，違性故，性依熏力，起種種染用。以此染用，違隱眞如順用之照性故，即說此違用之暗，以為能障

，亦名爲垢。此之垢用，不離眞體故，所以即名眞如心，爲在障法身，亦名爲有垢眞如。若以淨業熏於眞心，順性故，性依熏力，起種種淨用，能除染用之垢，以此淨用，順顯眞心體照之明性故，即說此順用之照，以爲圓覺大智，亦即名大淨波羅蜜。然此淨用，不離眞體故，所以即名眞心爲出障法身，亦名無垢眞如。以是義故，若總據一切凡聖，以論出障在障之義，即眞如法身，於一時中並具在障出障二用。若別據一一凡聖，以論在障出障之義，即眞如法身，始終方具在障出障二事也。

初二句標詞。「染性」二字，應依宗圓記改爲「二性」，最好改爲「染淨二性」，方與下文染淨並釋之義相合。「有障垢之名」，乃「有在障出障，有垢無垢之名」的簡略。「此義云何」乃上承標詞，下啓釋義。釋義中文分三節：1「謂以染業」句下，明染用差別。2「若以淨業」句下，明淨用差別。3「以是義故」句下總結。

㈠明染用差別：宗圓記釋此，分爲五法、三能所。今順文勢，略五法爲四，能所仍之。四法是：①染業、②染用、③眞如、④照性。前二爲事，後二爲理。事雖是一，約因果分爲業、用。即以熏心的前因爲「業」，依熏而起的現果爲「用」。理雖是一，約體德分爲眞如、照性。即以理體爲「眞如」，德用爲「照性」。此照性爲順體之用，故稱「順用」。三能所是：①染業爲能熏，眞心爲所熏。此明無明妄想等的染業，熏於眞心，違平等理，故曰「違性」。②以性爲能起，染用爲所起。此明以違性故，性依熏變，起貪瞋癡等煩惱的種種染用。③染用爲能違能障，眞如照性爲所違所障。此明染用暗障，違於眞如照性，使之隱覆，不得彰顯。然此暗障的染用，亦非離於眞如自體，而違隱眞如，所以就名眞如心爲「在障法身」及「有垢眞如」了。

㈡明淨用差別：宗圓記釋此，分爲五法、四能所。五法易知，今略而不論。四能所是：①淨業爲能熏，眞如爲所熏。此明若以六度等的福智淨業，熏於眞心，順平等理，故曰「順性」。②淨性爲能起，淨用爲所起。此明以順性故，性依熏變，起戒定慧三學等的種種淨用。③淨用爲能除，染用爲所除。此明戒定慧三學的淨用，能除貪瞋癡等的染用之垢。④淨用爲能顯，眞如淨性爲所顯。此明淨用既與眞如心體相順，則體寂而照的明性，自然顯現；即說此順用的照性，爲具無上菩提的「圓覺大智」，究竟到涅槃彼岸的「大淨波羅蜜」。然此淨用，又爲不離眞如自體之故；所以就名此眞心爲「出障法身」，及「無垢眞如」了。

㈢總結：基於已上的釋義，若據一切凡聖的多人而論，則同時有人迷眞起妄而爲凡；有人返妄歸眞而成聖，此卽眞如法身，一時並具在障出障二用。若據一一凡聖的一人而論，則始自一念不覺，迷眞起妄而爲凡；終至聞法修行，返妄歸眞而成聖。此卽眞如法身，始終方具在障出障二事。

△未三明用不違體。

然此有垢無垢在障出障之別，但約於染淨之用說也。非是眞心之體，有此垢與不垢，障與不障。』

上文雖說有在障、出障法身；有垢、無垢眞如。然此有垢、無垢，在障、出障，是約染淨事用而說的。卽約染用說，有在障法身，及有垢眞如；約淨用說，有出障法身、及無垢眞如。並不是說圓融一味的眞如心體，有此垢與不垢，障與不障的差別。

△午二釋疑。

問曰：『違用旣論爲垢障，違性應說爲礙染。』答曰：『俱是障性垢性，亦得名爲性障性垢。此蓋平等之差別，圓融之能所。然卽唯一眞心，勿謂相礙不融也。』問曰：『旣言有平等之差別能所，亦應有自體在障出障耶？』答曰：『亦得有此義。謂據染性而說，無一淨性而非染，卽是自體爲能障、自體爲所障、自體爲在障。就淨性而論，無一染性而非淨，卽是自體爲能除、自體爲所除、自體爲出障。是故染以淨爲體，淨以染爲體；染是淨，淨是染，一味平等，無有差別之相。此是法界法門，常同常別之義。不得聞言平等，便謂無有差別；不得聞言差別，便謂乖於平等也。』此明第三在障出障之義竟。

此有二重問答。第一問意謂：『既約染用論爲垢障，亦應說染性爲垢障不？』文中的「違用」、「礙染」，乃「染用」、「障垢」的變文。答謂：『用依性起，染用既名爲障垢；染性豈非俱是障性垢性，亦得名爲性障性垢嗎？』「此蓋」二字，乃伸明上義。謂：『雖如此說，然障垢名異，性實平等，故曰「平等之差別」。「性障」爲能障淨性的染性，「障性」爲染性所障的淨性，能障所障，性本圓融，故曰「圓融之能所」。此圓融能所，唯一眞心，不可說他相礙不融。』

第二問意謂：『平等圓融，卽自性心體。那末，既言有平等之差別，圓融之能所；亦得有自體在障、出障之義不？』答謂：『亦得！良以心體無二，若就體具的染性來說，則染性之外，無別淨性，故曰「無一淨性而非染」，既無淨非染，則是自體有隨修爲能障、隨修爲所障、隨修爲在障之義。換言之，能障、所障、在障，無非體具，自體之外，無別能障、所障、在障。故曰「自體爲能障、自體爲所障、自體爲在障。」若就體具的淨性而論，則淨性之外，無別染性，故曰「無一染性而非淨」。既無染非淨，則是自體有隨修爲能除、隨修爲所除、隨修爲出障之義。換言之，能除、所除、出障，無非體具，自體之外，無別能除、所除、出障。故曰「自體爲能除、自體爲所除、自體爲出障。」

以此體具染淨之故，可知染淨同體，故曰「染以淨爲體，淨以染爲體。」同體則相卽，故曰「染是淨，淨是染。」既同體相卽，則一味平等，那有染淨差別之相？這是法界法爾常同常別之義。明乎此，就不會聞言平等，便謂無有差別；聞言差別，便謂乖於平等了。』末句總結第三科在障、出障之義竟。

△巳四明事用相攝之相。分二：午一以理曲明。分二：未一正明相攝。分二：申一相攝。

次明第四事用相攝之相。問曰：『體相染淨，既得如此圓融，可解少分。但上言事法染淨，亦得無礙相攝，其相云何？』答曰：『若偏就分別妄執之事，卽一向不融。若據心性緣起依持之用，卽可得相攝。所謂一切衆生，悉於一佛身中起業招報。一切諸佛，復在一衆生毛孔中修行成道。此卽凡聖多少以相攝。若十方世界，內纖塵而不迮。三世時劫，入促念而能容。此卽長短大小相收。是故經云：一一塵中，顯現十方一切佛土。又云：三世一切劫，解之卽一念。卽其事也。又復經言：過去是未來，未來是現在。此是三世以相攝。其餘淨穢好醜，高下彼此，明暗一異，靜亂有無等，一切對法及不對法，悉得相攝者。蓋由相無自實，起必依心，心體既融，相亦無礙也。』

問者對上來所明：「染淨自體在障出障，染是淨，淨是染。」等的事由理融之義，雖已了解；但對上來正明無礙圓融科裡所說：「世間、出世間事，亦卽圓融相攝。」這事法染淨相攝之相爲何？尚無所聞。是但解其理，未解其事，故云：「可解少分」。

答文分爲三節：1「偏就」下正答。2「所謂」下釋相。3「蓋由」下辨意。

㈠正答：若偏就分別妄情所執的事相而論，卽事事隔歷，一向不融。如執波非水，但見波相萬差，而不見一水，所以不融。若據心性隨緣現起的事相依持一心而論，卽事事可得相攝。如水隨風緣而現起波相，卽此萬差之波，唯是一水，焉得不融？

㈡釋相分三：⑴正釋——以正報言，一切衆生，在一佛身中起業招報，是以少聖而攝多凡；一切諸佛，在一衆生的毛孔裡修行成道，是以少凡而攝多聖。以依報言，納十方世界於一纖塵而不迮，是大小相收；三世時劫，入於短促的一念而能相容，是長短相收。⑵引證——凡三引經文，初證世界纖塵，大小相攝。餘二證明時劫一念，長短相攝。⑶例推——其餘如：淨穢、好醜、位分的高下、自他的彼此、菩提涅槃的明靜、煩惱生死的暗亂，乃至一切對、不對法，無不相攝。不對法，是沒有一定的對法，並不是無法可對。如擧一「筆」，不一定要與「硯」對；亦可對「紙」，亦可對「墨」，與有必對無，淨必對穢不同。此「筆」就叫做「不對法」。

㈢辨意：諸相皆由一心隨緣現起，當體卽空，並沒有實在的自體，故曰：「相無自實，起必依心。」然則，心體旣融，相豈有礙而不相攝圓融嗎？

△申二相卽。

問曰：『我今一念，卽與三世等耶？所見一塵，卽共十方齊乎？』答曰：『非但一念與三世等，亦可一念卽是三世時劫。非但一塵共十方齊，亦可一塵卽是十方世界。何以故？以一切法，唯一心故。是以別無自別，別是一心；心具衆用，一心是別。常同常異，法界法爾。』

問者疑爲：『長短不等，大小不齊，怎能相攝？如許相攝，豈非一念與三世相等，一塵與十方相齊了嗎？』殊不知相等，猶是二法對比，所見不融，何況不等？所以答謂：『長短大小非但彼此相等，而且是一體相卽，故曰：「一念卽是三世時劫；一塵卽是十方世界。」既已相卽，豈不相等；既已相等，豈不相攝？「何以故」下釋成相卽：一切法雖是差別事用，而以一心爲同體，心外無法，故曰：「別無自別，別是一心。」體不離用，故曰：「心具衆用，一心是別。」此常同常別之理，乃法界法爾，並不是造作使然。』

△未二兼破餘疑。分五：申一破凡聖不同疑。

問曰：『此之相攝，既理實不虛，故聖人卽能以自攝他、以大爲小、促長演短、合多離一，何故凡夫不得如此？』答曰：『凡聖理實同爾圓融，但聖人稱理施作，所以皆成；凡夫情執乖旨，是故不得。』

問意謂：『此事法相攝，既理實不虛，凡聖應同。何故聖人能够以自攝他、以大爲小、促長爲短、演短爲長，合多爲一、離一爲多；而凡夫不能呢？』答謂：『若約理以論圓融，則凡聖實同。但聖人以無分別智，合理施作，所以相攝皆成；凡夫以分別妄情，迷理乖旨，所以圓融不得。』

△申二破聖無別相疑。

問曰：『聖人得理，便應不見別相。何得以彼小事，以包納大法？』答曰：『若據第一義諦，眞如平等，實無差別。不妨卽寂緣起，世諦不壞而有相別。』

問謂：『理體是沒有差別相的；事用是有差別相的。那末，聖人既得稱理，就應當不見有差別之相才是；何得以小事包容大法？』釋謂：『若據中道第一義諦，眞如平等，實無差別。然而，眞諦卽寂，世諦卽照，聖人何妨卽寂而照，緣起世諦，不壞其事用的差別相呢？』

△申三破世諦差別疑。

問曰：『若約眞諦，本無衆相，故不論攝與不攝。若據世諦，彼此差別，故不可大小相收？』答曰：『若二諦一向異體，可如來難；今既以體作用，名爲世諦，用全是體，名爲眞諦，寧不相攝？』

問者分眞、俗二途爲難。謂：『若約眞諦來說，眞諦本無衆相差別，何必論其攝與不攝？若據世諦來說，世諦彼此差別，聖人既不壞此相，如何可以大小相收？』釋謂：『假使眞、俗二諦，一向異體，眞是眞，俗是俗，你可以與此問難；今既卽體起用，名爲世諦；全用卽體，名爲眞諦，如此眞俗不異，體用無二，怎可不論相攝？

△申四破世諦攝事疑。

問曰：『體用無二，只可二諦相攝，何得世諦還攝世事？』答曰：『今云體用無二者，非如攬衆塵之別用，成泥團之一體；但以世諦之中，一一事相，卽是眞諦全體，故云體用無二。以是義故，若眞諦攝世諦中一切事相得盡，卽世諦中一一事相，亦攝世諦中一切事相皆盡。如上已具明此道理竟，不須更致餘詰。』

問意謂：『眞諦爲體，世諦爲用；體用無二，只可言二諦相攝，何得但約世諦，而言以事攝事？』此疑由不解體用無二而起，故答中先釋體用無二：此體用無二，與泥團爲集衆塵而成，非一塵所成不同。而是以世諦中的每一事相，卽是眞諦全體，非但攝一切事相而爲眞諦，這叫做體用無二。「以是義故」下正釋事事相攝：以每一事相，卽眞諦全體故；所以如眞諦攝得世諦中的一切事相盡；卽隨舉世諦中的任何一事，亦攝盡世諦中的一切事相。上來在「相攝」等科裡，已具明此理，可以不必再致詰問了。

△申五破濫同神我疑。

問曰：『若言世諦之中一一事相，卽是眞諦全體者，此則眞心徧一切處，與彼外道所計，神我徧一切處，義有何異耶？』答曰：『外道所計，心外有法，大小遠近，三世六道，歷然是實；但以神我微妙廣大，故徧一切處，猶如虛空。此卽見有實事之相，異神我；神我之相，異實事也。設使卽事計我，我與事一，但彼執事爲實，彼此不融。佛法之內，卽不如是。知一切法，悉是心作，但以心性緣起，不無相別；雖復相別，其唯一心爲體。以體爲用，故言實際無處不至。非謂心外有其實事，心徧在中，名爲至也。』

此由不解心外無法，隨疑眞心徧一切處，與外道所計的神我無異。斥佛教以外的邪道，名爲「外道」。外道計有實我，以不可思議的靈妙主宰萬有，叫做「神我」。除數論外道，立二十五諦，以第一冥諦能生二十三法，而爲第二十五的神我所受用者外，尚有多途：或計我大物小，物在我內；或計我小物大，我在物內；或計我與物異；或計我與物同。諸如此類的外道，據說西竺有九十六種之多。

答中分二：⑴出外道執見——「心外有法」等句，卽是斥其妄計。「神我微妙廣大」等句，正是所計的「我大物小」。「實事之相異神我」等句，正是所計的「我與物異」。「卽事計我，我與事一」，正是所計的「我與物同」。此等外道，但是執事爲實，所以不能事事相攝，無礙圓融。(2)示內法非彼——佛法內與彼外道不同，故曰「卽不如是」。怎樣不同？佛法謂事相本虛，悉是心作；不同外道心外有法，迷事爲實，故曰「非謂心外有其實事」。佛法謂緣起事相，惟以一心爲體，全體起用，無處不至；不同外道物所在處，神我徧至，故曰「非謂心徧在中，名爲至也」。文中「非謂」二字雙關兩句。

筆者案：今果有無知狂妄的增上慢人，謗「性具染淨二性，能緣起十法界法」爲「神我」論者。可知大師本文，實爲懸知後世必有此種「不了心外無法，而以心性緣起，謗同神我」的敗類而說。學人研讀至此，可不深切體會嗎？

△午二以事巧示。分二：未一許示。

此事用相攝之義難知，我今方便，令汝得解。汝用我語不？外人曰：善哉受敎。

此大師慈悲，猶慮事事相攝的深義，難知。擬再巧示方便，以曉未悟。因問外人：「信我語不？」外人深信無疑曰：「善哉受敎！」

△未二正示。分二：申一示大小相攝相卽。

沙門曰：『汝當閉目，憶想身上一小毛孔，卽能見不？』外人憶想一小毛孔已，報曰：『我已了了見也。』沙門曰：『汝當閉目，憶想作一大城，廣數十里，卽能見

不？』外人想作城已，報曰：『我於心中了了見也。』沙門曰：『毛孔與城，大小異不？』外人曰：『異。』沙門曰：『向者毛孔與城，但是心作不？』外人曰：『是心作。』沙門曰：『汝心有大小耶？』外人曰：『心無形相，焉可見有大小？』沙門曰：『汝想作毛孔時，爲滅小許心作，爲全用一心作耶？』外人曰：『心無形段，焉可滅小許用之，是故我全用一念，想作毛孔也。』沙門曰：『汝想作大城時，爲只用自家一心作，爲更別得他人心神共作耶？』外人曰：『唯用自心作城，更無他人心也。』沙門曰：『然則一心全體唯作一小毛孔，復全體能作大城。心旣是一，無大小故，毛孔與城，俱全用一心爲體，當知毛孔與城，體融平等也。以是義故，舉小收大，無大而非小；舉大攝小，無小而非大。無小而非大，故大入小而大不減。無大而非小，故小容大而小不增。是以小無異增，故芥子舊質不改。大無異減，故須彌大相如故。此卽據緣起之義也。若以心體平等之義望彼，卽大小之相，本來非有，不生不滅，唯一眞心也。』

本文分爲二節：⑴巧示方便——沙門教外人閉目，返觀內照，不得心外取境。故能了了分明，照見憶想中的一小毛孔，是心作；一大城，也是心作。毛孔與城，大小雖異，而心無大小。故於作毛孔時，心不滅少；作大城時，也只用自家一心，更無他心。是則一毛孔性，即是一大城性，毛孔與城，既是全用一心爲體，豈不相攝平等嗎？⑵正顯本旨——「以是義故」，乃指上來所明「毛孔與城，體融平等」之義而言。所以大小之相宛然，而能相攝相即，不增不減。如：「舉小收大，舉大攝小」就是大小相攝。「無大而非小，無小而非大」就是大小相即。「大入小而大不減，小容大而小不增」就是不增不減。是以小相無增大之異，猶如芥子納須彌，而芥子的小相舊質不改。大相無減小之異，亦如須彌入芥子，而須彌之大相如故。這不過是據緣起之義，而論大小相攝相即；若以心體平等之義，望彼緣起，則大小之相，本來非有，唯一不生不滅的眞心而已。

△申二示時劫相攝相即。

我今又問汝：『汝嘗夢不？』外人曰：『我嘗有夢。』沙門曰：『汝曾夢見經歷十年五歲時節事不？』外人曰：『我實曾見歷涉多年，或經旬月時節，亦有晝夜，與覺無異。』沙門曰：『汝若覺已，自知睡經幾時？』外人曰：『我既覺已，借問他人，言我睡始經食頃。』沙門曰：『奇哉！於一食之頃，而見多年之事。以是義故，據覺論夢，夢裏長時，便則不實。據夢論覺，覺時食頃，亦則爲虛。若覺夢據情論，即長短各論，各謂爲實，一向不融。若覺夢據理論，即長短相攝，長時是短，短時是長，而不妨長短相別。若以一心望彼，則長短俱無，本來平等一心也。正以心體平等，非長非短故，心性所起長短之相，卽無長短之實，故得相攝。若此長時自有長體，短時自有短體，非是一心起作者，卽不得長短相攝。又雖同一心爲體，若長時則全用一心而作，短時卽減少許心作者，亦不得長短相攝。正以一心全體復作短時，全體復作長時，故得相攝也。是故聖人依平等義故，卽不見三世時節長短之相。依緣起義故，卽知短時長時體融相攝。又復聖人善知緣起之法，唯虛無實，悉是心作；是心作故，用心想彼七日以爲一劫。但以一切法，本來皆從心作，故一劫之相，隨心卽成；七日之相，隨心卽謝。演短旣爾，促長亦然。若凡夫之輩，於此緣起法上妄執爲實。是故不知長短相攝，亦不能演短促長也。』此明第四事用相攝之相竟。

此先審知覺時的一食之頃，能見夢裏的多年之事。再以此爲論據，方便顯示時劫長短相攝相卽。故稱歎方便曰：「奇哉！」向下論長短相攝，分四節以辨：

㈠約夢覺互論非實：若據覺論夢，則醒覺之時，便知夢境非實。故曰；「夢裏長時，便則不實。」若據夢論覺，則覺亦如夢，虛而非實。故曰：「覺時食頃，亦則爲虛。」

㈡約情理以論長短：若據妄情而論覺夢，則旣執夢時之長爲實，又執覺時之短爲實；長短俱實，所以不融。若據理性而論覺夢，則長短體融相攝。夢時之長，卽是覺時之短；覺時之短，也就是夢時之長。若但以一心而論，那就長短俱無，唯是一心平等了。

㈢約一心體以論相攝，復有二義：⑴先以正示，後以反顯：正以心體平等，非長非短；雖有緣起的長短之相，却無長短之實，唯是一心，所以相攝。此爲正示。否則，假使長時、短時，各有其體，而不是以一心爲體者；那就不能長短相攝了。此爲反顯。⑵先以反顯，後以正示：假使以一心全體作長時，以少許心作短時；亦不得長短相攝。此爲反顯。正以一心全體作長時，復以一心全體作短時；所以才能長短相攝。此爲正示。

㈣約凡聖以辨相攝：聖人依平等義，不見有時節長短之相；依緣起義，知長短時節體融相攝；復知緣起之法，唯心所作，並非實有；故能以心想相，演彼七日之短，而爲一劫之長，長時隨心卽成，短時隨心卽謝，演短如是，促長亦然。凡夫就不然了！妄執緣起爲實，怎知長短相攝；既不知長短相攝，又怎能演短促長，隨心成謝？末句總結第四科事用相攝之相竟。

△巳五明治惑受報不同之義。分三：午一正明。分二：未一明治惑不同。

次明第五治惑受報同異所由。問曰：『如來之藏，既具一切世法、出世法種子之性，及果報性。若衆生修對治道，熏彼對治種子性，分分成對治種子事用時，何故彼先所有惑染種子事，卽分分滅也。卽能治所治種子，皆依性起，卽應不可一成一壞。』答曰：『法界法爾，所治之法爲能治之所滅也。』問曰：『所治之事，既爲能

治之事所滅者；所治之性，亦應爲能治之性所滅。』答曰：『不然，如上已說，事法有成有敗，故此生彼滅，性義無始並具，又復體融無二，故不可一滅一存也。是故衆生未修治道之前，雙有能治所治之性，但所治染法之性，依熏起用，能治淨法之性，未有熏力，故無用也。若修治道之後，亦並具能治所治之性，但能治之性，依熏力故，分分起於淨用，所治之性，無所熏力，被對治故，染用分分損滅。是故經言：但治其病，而不除法。法者，法界法爾，卽是能治所治之性。病卽是所治之事。』

初句標示章目。向下辨釋治惑，有二重問答：初問以性難事；次問以事難性。茲依次明之如下：

初問意謂：『不空如來藏，旣具世、出世法的種子及果報之性。當衆生修對治妄惑之道（如修空、假、中三觀，爲對治見思、塵沙、無明的三惑之道。），熏彼藏心本具的對治種子之性，使之一分一分的，漸漸成爲對治種子的事用時，何故其先前所有的惑染種子之事，卽分分除滅？就是說，能治之道及所治之惑，都是依性緣起，應該成則俱成，壞則俱壞；今乃能治的道成，所治的惑壞，其故安在？』答謂：『緣起的差別事相，與無相的平等性體不同；當然所治的惑染，爲能治的淨法所壞了。這是法界法爾自然之理，應無疑問。』

次問意謂：『所治的染事，既爲能治的淨事所滅；那所治的染性，亦應爲能治的淨性所滅才對；何以事有成壞，而性無成壞呢？』答謂：『所謂染性亦應爲淨性所滅，是義不然！這在前面明具足染淨二法科裏，已竟說過了。事有成敗，所以此生則彼滅；性乃無始並具，而且是體融無二，染性卽是淨性，怎能一滅一存？當知，在未修道之前，並具有能治、所治之性。不過所治的染法之性，依熏緣力故，起爲事用；能治的淨法之性，未遇熏力，不能起用罷了。既修道後，亦並具能治、所治之性。不過能治之性，依熏緣力故，分分起爲淨用；所治之性，無所熏力，故其宿昔既起的染用，被淨用對治，而分分損減罷了。茲引淨名經「但治其病，而不除法。」之句爲證。今約破事顯理，故以「病」爲事，以「法」爲性；但除所治之事，而不除所治之性；如除眼翳，而不除翳眼似的。若約破情顯事，則是以「病」爲情，以「法」爲事；但除能執的妄情，則所執的事法，就不除而自無了。

△未二明受報不同。

問曰：『能治所治可爾。其未修對治者，卽無始已來，具有一切故業種子。此種子中，卽應備有六道之業。又復一一衆生，各各本具六道果報之性，何不依彼無始六道種子，令一衆生，俱時受六道身耶？』答曰：『不得！何以故？以法界法爾故。但可具有無始六道種子在於心中，隨一道種子偏强偏熟者，先受果報。隨是一報之中，不妨自雜受苦樂之事。要不得令一衆生，俱受六道之身。後若作菩薩自在用時，以悲願力故，用彼故業種子，一時於六道中受無量身，敎化衆生也。』

問中的「可爾」二字，卽寬假許可之詞。意謂：『上言能治、所治的染淨二性，爲衆生無始本具等義，可以說是如此。然若如此說，其未修對治道者，無始已來，卽具有一切故業種子；而此故業種子，卽無始輪迴六道所集的業因，故此種子中，卽應備有六道之業；有因必有果，故一一衆生，又復各各本具六道果報之性。如此種子果報之性，旣爲同一如來藏心所本具，何不依無始的六道種子，令一衆生同時受六道之身的果報呢？』

答意謂：『菩薩則可，凡夫不得。何以故？一心所具的六道種子，爲無始已來，次第積集，勢有强弱，熟必異時，但可隨一道偏强偏熟的種子，先受果報，例如：人道的種子勢强先熟，那就先受一人身的果報；畜生道的種子勢强先熟，就先受一畜生身的果報；在這一道的果報中，不妨間雜著受盡榮枯得失的苦樂無常；要不得令一衆生，同時受六道之身的果報。後若修道，作菩薩時，那就可以自在妙用，以悲願力，用彼故業種子，一時於六道中受無量身，以敎化衆生了。

△午二釋疑。分二：未一釋凡聖同時受報疑。

問曰：『據一衆生，旣以一心爲體，心體之中，實具六道果報之性，復有無始六道種子，而不得令一衆生，一時之中，俱受六道之報者；一切諸佛，一切衆生，亦同以一心爲體，故雖各各自具六道果報之性，及六道種子，亦應一切凡聖，次第先後受報，不應一時之中，有多凡聖。』答曰：『不由以一心爲體故，便不得受衆多身；亦不由以一心爲體故，要須一時受衆多身。但法界法爾，若總據一切凡聖，雖同一心爲體，卽不妨一時俱有一切凡聖；若別據一衆生，雖亦一心爲體，卽不得一時俱受六道報也。若如來藏中，唯具先後受報之法，不具一時受報之法者，何名法界法爾具一切法耶？』

此以一人別報，難十界總報爲問。意謂：『一切諸佛，及一切衆生，旣同以一如來藏心爲體；心體裏各各具有六道果報之性，及六道種子；那就應令一切凡聖，也像一衆生似的，先同受人身一報，次同受佛身一報；如是次第先後受報，有凡時無聖，有聖時無凡；不應於一時之中，有衆多的凡聖哪？』

答中分爲破執、示義、顯性圓具三節以明：(1)疑者妄執由一心爲體故，不得同時受衆多身。故先破此執。謂：『同時得受衆多身，或不得受衆多身，其理由不在以一心爲體。良以心體平等，非多非一，非聖非凡；所有凡聖受報不同，非關心體。』(2)旣破執已，次復示義。謂：『但法界法爾，有多人之總，一人之別的性用之理。若總據多人而言，雖以一心爲體，不妨同時有一切凡聖；若別據一人來說，雖亦以一心爲體，不得同時受六道果報。』(3)既示義已，便顯性圓具。謂：『如來藏中，法界法爾圓具有此先後受報，及一時受報之法。假使唯具一人先後受報，不具多人一時受報之法者，那怎麼名爲「法界法爾具一切法」呢？』

△未二釋凡聖同時治惑疑。

問曰：『上言據一衆生，卽以一心爲體。心體雖具染淨二性，而淨事起時，能除染事者；一切諸佛，一切衆生，既同以一心爲體，亦應由佛是淨事故，能治餘衆生染事。若爾者，一切衆生自然成佛，卽不須自修因行。』答曰：『不由以一心爲體故，染淨二事相除；亦不由以一心爲體故，染淨二法不得相除；亦不由別心爲體故，凡聖二事不得相除。但法界法爾，一切凡聖，雖同一心爲體，而不相滅。若別據一衆生，雖亦一心爲體，卽染淨二事相除也。如來之藏，唯有染淨相除之法，無染淨不相除法者，何名法界法爾具一切法？』

此疑意謂：『若據上來所說，一切諸佛，一切衆生，同以一心爲體，心體雖具染淨二性，而淨事起時，能除染事的話；那就應當以諸佛的淨事，除衆生的染事哪。若果如此，則一切衆生，豈非不用修因，自然得證佛果了嗎？若不如此，何謂同以一心爲體？』

釋中亦分破執、示義、顯性圓具三節以明：(1)疑者執一心爲體，染淨相除。故先破彼執，謂：『衆生之染，諸佛之淨的相除與否，其理由不在同以一心爲體。良以心體平等，非染非淨，那得相除與不相除？若執凡聖的染淨二事，既不由同以一心爲體，而得相除；必由各別一心，而不得相除者；是亦不然。』(2)既破其執，復示以義，謂：『但法界法爾，染淨法同，自他人別。若總據一切凡聖而論，雖同以一心爲體，不得以諸佛之淨，除衆生之染；若別據一衆生而論，雖亦以一心爲體，而染淨二事，可得相除。』(3)既已示義，便顯性圓具。謂：『如來藏中，法界法爾圓具有此染淨相除，與不相除之法；假使唯有相除之法，而無不相除法者；那怎麼名爲「法界法爾具一切法」呢？』

△午三破執。分二：未一破正計。分二：申一起計。

問曰：『向者兩番都言法界法爾，實自難信。如我意者所解，謂一一凡聖，各自別有淨心爲體。何以故？以各各一心爲體故，不得於一心中俱現多身，所以一一凡聖，不俱受無量身。又復各各依心起用故，不妨俱時有衆多凡聖。此義卽便。又復一一衆生，各以別心爲體故，一一心中，不容染淨二法；是故能治之法熏心時，自己惑滅。以與他人別心故，不妨他惑不滅。此義亦便。何爲辛苦堅成一切凡聖同一心耶？』

此由疑計而問難。分爲三節：㈠總疑：前兩番都聞法界法爾天然性具之說，這話實在難以相信。㈡別執：如我意之所解，每一凡聖，各自別有一心爲體，並不是同以一心爲體的。何以故？由於各自一心爲體之義，有二種便利：⑴以一人而論，不得於一心中，俱現多身，故一一凡聖，誰也不能同時受無量的果報。約多人而論，各各依心起用，有人爲凡，有人成聖，這樣就不妨俱時有衆多凡聖了。此於受報義便。⑵每一衆生心中，都不容有染淨二法的存在；所以當一人能治的淨法熏心時，自己的惑染滅了，不妨他人的惑染依舊不滅。此於治惑義便。㈢結難：旣各各一心爲體之義，有此二便；何必要辛辛苦苦，堅持著「一切凡聖同一心體」的成見呢？

△申二破斥。分二：酉一約共相法身直破。

答曰：『癡人！若一切凡聖，不同一眞心爲體者；卽無共相平等法身。是故經言：「由共相身故，一切諸佛畢竟不成佛也。」

此先痛斥其爲昧於平等之理的癡人，再破其各各一心的計執。謂：『一切凡聖同一眞心爲體，就是共相平等法身；假使如汝所解，一切凡聖不同一心爲體的話；不是就沒有共相平等法身了嗎？』絕待平等爲「共」，實相無相爲「相」；共相法身，旣是絕待平等，實相無相，那有成佛之說？所以經云：「由共相身故，一切諸佛畢竟不成佛也。」前在雙顯二佛性科裏，爲證心體平等之理，引楞伽經云：「無有涅槃佛，無有佛涅槃。」卽是畢竟不成佛義。又：由共相平等法身故，一切諸佛，起同體大悲，現六道身，誓度一切衆生，如地藏菩薩曰：「地獄不空，誓不成佛。」阿難尊者說：「若一衆生未成佛，終不於此取泥洹。」亦是不成佛義。

△酉二引事例破。分二：戌一引多身無二心爲例。

汝言一一凡聖，各各別心爲體，故於一心中，不得俱現多身，是故一衆生，不俱受無量身者。如法華中所明，無量分身釋迦，俱現於世，亦應不得以一法身爲體。若彼一切釋迦，唯以一心爲法身者，汝云何言，一心不得俱現多身耶？若一心既得俱現多身者，何爲汝意欲使一一凡聖各別一心爲體故，方得俱時有凡聖耶？又復經言：「一切諸佛身，唯是一法身。」若諸衆生法身，不反流盡源，卽是佛法身者；可言一切衆生在凡之時，各各別有法身。旣衆生法身，卽是諸佛法身，諸佛法身，旣只是一，何爲一一凡聖，各各別有眞心爲法身耶？又復善財童子，自見徧十方佛前悉有己身。爾時，豈有多心爲體耶？又復一人夢中，一時見無數人，豈可有無數心，與彼夢裡諸人爲體耶？又復菩薩以悲願力，用故業受生之時，一念俱受無量種身，豈有多淨心爲體耶？

此緊躡上文，先牒起其「各各別心爲體，不得一心中俱現多身」的妄計；次引「多身無二心」的事例，作五番破斥：㈠引佛分身：如法華經見寶塔品所明，世尊為開塔見多寶如來，曾三變淨土，集十方無量分身釋迦，俱現於世。彼無量分身釋迦，也不得以一法身為體嗎？若唯以一法身為體，你為什麼說一心不得俱現多身？既得一心俱現多身，你為什麼欲使一一凡聖各別一心為體故，才得一時有衆多凡聖？㈡引衆生反流：不變隨緣的衆生法身，反流盡源，歸根到底，即是佛法身。假使衆生反流盡源，不即是佛法身的話；可以說一切衆生，在凡之時，各有各的法身；既反流盡源，即是佛法身，經中又說：「一切諸佛身，唯是一法身。」如何說為一一凡聖，各有各的眞心為法身呢？㈢引善財徧身：事出華嚴經入法界品。善財童子參彌勒菩薩，菩薩令入毘盧樓閣，自見其身徧在十方佛所；彼時善財，豈有多心為體嗎？㈣引夢見衆人：又如一人在夢中見無數人，難道這些夢中的人，不是一心為體，而是無數心為體嗎？㈤引菩薩受身：又如菩薩以悲願力，用故業種子，於一念之間，俱受無量種身；難道不是一淨心為體，而是多心為體不成？

引此五事為證，可知一切衆生，一切諸佛，唯以一心為體了。

△戊二引染淨無二心為例。

又復汝言，一一凡聖各以一心為體，一心之中不得容於染淨二法故，所以能治之法熏心時，自己惑滅；以與他別心故，不妨他惑不滅，此義為便者。一人初修治道時

，此人惑染心，悉應滅盡。何以故？以一心之內，不容染淨二法故。若此人淨法熏心，心中有淨法時，仍有染法者，此人應有二心。何以故？以他人與我別心故，我修智時，他惑不滅；我今修智，自惑亦復未滅，定知須有二心。若使此人唯有一心，而得俱有染淨二法者，汝云何言，以一心之內，不容染淨二法，故淨生染滅耶？是故諸大菩薩，留隨眠惑在於心中，復修福智淨法熏心，而不相妨。又復隨眠之惑，與對治之智，同時而不相礙，何爲一心之內，不得容染淨二法耶？以是義故，如來之藏，一時俱包一切凡聖，無所妨礙也。』

本科分爲三節：㈠先叙其「各各一心爲體，一心中不得容染淨二法，所以當能治之法熏心時，自惑滅，他惑不滅」的妄計。㈡再引「染淨無二心」的事例，作三番破斥：⑴引惑染無一時滅盡的事例以破——若一心中不得容有染淨二法的話；則一人初修對治道時，他那惑染心就應當一時滅盡。但絕無此事。⑵引染淨雙有的事例以破——若以他人與我心別故，我修智時，他惑不滅，是亦不然。何則？我今修智，心中有淨法時，自惑亦未滅盡，難道我一人有二心不成？⑶總結上破——既唯有一心，得俱染淨二法；你爲什麼說，由於一心之內，不容有染淨二法之故，而淨生染滅呢？㈢顯示正義：煩惱、所知二障種子，隨逐於人，眠伏在第八藏識裏，叫做「隨眠惑」。諸大菩薩，大悲心切，既留此惑於心，以備潤業受生，入世度衆；復修福智淨法熏心，而不相妨；即使隨眠之惑，與對治之智，同時並具，亦不相礙。怎能說一心之內，不得容染淨二法呢？由此可知，如來之藏，一時具包一切凡聖，無所妨礙了。

△未二破轉計。分二：申一轉計

問曰：『既引如此道理，得以一心爲體，不妨一時有多凡聖者；何爲一衆生，不俱受六道報耶？又復修行之人，一心之中，具有解惑種子不相妨者；有何道理，得以智斷惑耶？』

展轉計執，叫做「轉計」。此轉計有二：一由聞「一心具包一切凡聖」的道理，轉計爲「一衆生俱受六道果報」之疑。二由聞「一心具包智解與惑染的二種種子，而不相妨」的道理，轉計爲「智不斷惑」之疑。此二轉計，下文當破。

△申二破斥。分二：酉一正破

答曰：『蠓蟲！如上已言：法界法爾，一心之中具有一切凡聖。法界法爾，一一凡聖各各先後隨自種子强者受報，不得一人俱受六道之身。法界法爾，一心之中一時俱有凡聖，不相除滅。法界法爾，一切凡聖雖同一心，不妨一一凡聖各自修智，自

斷其惑。法界法爾，智慧分起，能分除惑；智慧滿足，除惑皆盡。不由一心之內不容染淨，故斷惑也。法界法爾，惑未盡時，解惑同體。不由別有心故，雙有解惑。

「蠓蠱」小似蚊蚋，最喜亂飛，故斥其如蠓蠱之癡。凡此轉計，都於已上「治惑不同、受報不同」等文裏，分別曲示了，今再略述上義，作六番破斥，故曰「如上已言」。此皆天然妙理，非造作法，故一一標以「法界法爾」。第一番卽上文「凡聖皆同一心爲體故，一心中具有一切凡聖」之義。第二番卽上文「具有無始六道種子在於心中，隨一道種子偏强偏熟者，先受果報，要不得令一衆生，俱受六道之身。」之義。第三番卽上文「一切凡聖，雖同一心爲體，而不相滅。」之義。第四番卽上文「若別據一衆生，雖亦一心爲體，卽染淨二事相除。」之義。第五番卽上文「能治之性，以熏力故，分分起於淨用；所治之性，無所熏力，被對治故，染用分分損滅。」及「反流盡源」等義。第六番卽上文「隨眠之惑，與對治之智，同時而不相礙。」等義。這六番破斥的前三番，破其第一轉計；後三番，破其第二轉計。

△酉二結成。

是故，但知眞心能與一切凡聖爲體，心體具一切法性。如卽時世間出世間事得成立

者，皆由心性有此道理也。若無道理者，終不可成。如外道修行不得解脫者，由不與心性解脫道理相應也。法界法爾，行與心性相應，所作得成；行若不與心性相應，即所爲不成就。』此明第五治惑受報不同所由竟。

「是故」指六番破斥而言。謂：以是義故，但知「眞心能與一切凡聖爲體，心體具一切法性」的道理，則一心不容染淨二法，及雙有解惑的邪計，就自然破除了。玆舉二事以證成此理：⑴如世間、出世間事，無非由心性有此道理而得成立；假使無此道理，則萬法唯心，心外無法，世、出世事，如何可以成立？⑵如外道修行，所以不得解脫者；都爲他們不了唯心，不是妄計神我，便是執斷執常，落於邊見；不與心體具一切法性，絕待圓融，而能解脫生死的道理相應。要知法界法爾，行與心性相應則成；如不相應，則所作就不能成辦了。末句總結第五科治惑受報不同之義竟。

△巳六明共相不共相識。分三：午一總明。

次明第六共相不共相識。問曰：『一切凡聖，旣唯一心爲體，何爲有相見者，有不相見者；有同受用者，有不同受用者？』答曰：『所言一切凡聖，唯以一心爲體者；此心就體相論之，有其二種：一者、眞如平等心，此是體也，即是一切凡聖平等共相法身。二者、阿賴耶識，即是相也。就此阿賴耶識中，復有二種：一者、淸淨分依他性，亦名淸淨和合識，卽是一切聖人體也。二者、染濁分依他性，亦名染濁和合識，卽是一切衆生體也。此二種依他性，雖有用別，而體融一味，唯是一眞如平等心也。以此二種依他性，體同無二故。就中，卽合有二事別：一者、共相識。二者、不共相識。何故有耶？以眞如體中，具此共相識性、不共相識性故，一切凡聖，造同業熏此共相性故，卽成共相識也。若一一凡聖，各各別造別業，熏此不共相性故，卽成不共相識也。

此總明共相識、不共相識。初設問謂：『一切凡聖既唯一心爲體；則正報的身心、依報的國土，就應該彼此相見，共同受用；何以有相見、不相見，同受用、不同受用呢？』次分四節總答如下：

㈠約一心分體相二種：⑴眞如平等心是體，也就是一切凡聖的平等共相法身。此共相法身之「共」乃平等總共之義；「相」乃實相無相之義。卽起信論所謂的「一法界大總相法門體」。此與下文「共相識」的共相，名同而義異，不可混爲一談。⑵阿賴耶識是相。相不離體，故此相不但是妄，且亦通眞。所以起信論云：「依如來藏故有生滅心；所謂不生不滅，與生滅和合，不一不異，名爲阿賴耶識」。

㈡就阿賴耶識開爲二分：⑴淸淨分依他性。⑵染濁分依他性。此二分，都是依性緣起的，所以都叫做「依他性」。阿賴耶識，就是由此二分和合而得名的，所以又都名為「和合識」。約淨分邊說，名為「清淨和合識」；聖人依此而成聖，故曰：「即是一切聖人體也」。約染分邊說，名為「染濁和合識」；衆生依此而為衆生，故曰：「即是一切衆生體也。」

㈢明二種體一：此二種依他性，言相，雖染淨用別；論體，則性實無二。如澄水與波瀾，同一濕性，故曰：「體融一味，唯是一眞如平等心也。」

㈣明二種相別：以此二種依他性，同一眞如為體故，所以就中，合當有共相識，與不共相識的二種事別。什麼理由呢？因為眞如體中，圓具此共相識性，與不共相識性。若一切凡聖，共造同業，熏共相性，性隨熏緣，就成為共相識了；若各造別業，熏不共相性，性隨熏緣，就成為不共相識了。

△午二別解。分四：未一解共相識。

何者？所謂外諸法，五塵器世界等，一切凡聖同受用者，是共相識相也。如一切衆生，同修無量壽業者，皆悉熏於眞心共相之性，性依熏起，顯現淨土，故得凡聖同受用也。如淨土由共業成，其餘雜穢等土，亦復如是。然此同用之土，唯是心相，故言共相識。又此同用之土，雖一切凡聖共業所起，而不妨一一衆生，一一聖人，一身造業，即能獨感此土。是故無量衆生，餘處託生不廢，此土常存不缺。又雖一

一凡聖，皆有獨感此土之業，而不相妨唯是一土。是故無量衆生新生，而舊土之相更無改增。唯除其時一切衆生同業轉勝，土卽變異；同業轉惡，土亦改變。若不爾者，卽土常一定也。

「何者」二字，總冠下科。是別解共相識，與不共相識的發起詞。今科解共相識義，分四節明之如下：

㈠總示：五蘊根身已外的諸法，卽五塵、器世界。何謂五塵？色、聲、香、味、觸，爲眼等五根所緣的塵境，故名「五塵」。何謂器世界？世界，爲容納衆生的器物，故名「器世界」。此五塵、器世界，爲一切凡聖同受用者，都是共相識所現之相，故曰：「是共相識相也」。

㈡辨解：無量壽，是阿彌陀的譯名。如經云：「彼佛壽命及其人民，無量無邊阿僧祇劫，故名阿彌陀。」所以同念阿彌陀佛，求生極樂淨土，叫做「同修無量壽業」。念佛念到一心不亂，色盡情空，念念與本具的「佛性」相應，卽是「熏於眞心共相之性」。感得佛來接引，往生極樂，卽是「性依熏起，顯現淨土」。極樂淨土，凡聖同居，卽是「同受用」。以此淨土爲共業所成爲例，可知其餘的五濁雜穢等土，也是衆生的共業所造了。然此淨穢的同受用土，唯是一心所現之相，所以叫做「共相識」。

㈢明獨感亦得：又同受用土，雖爲一切凡聖共業所起；然此所謂的共業，只是所修的法門相同，並非同會同時，共同造業。所以不妨一一凡聖，一身造業，便能獨感此土；不一定要同會同時，共同造業，才能感得。因此之故，例如此穢土的無量衆生，託生餘處淨土的，儘管託生，不必廢止；而此穢土，依然有人感得，常存不缺。明乎此，就不會有「土由人感，人無則土缺」的疑惑了。

㈣明感土唯一：又雖一一凡聖，皆有獨感此土之業；然而造業既同，土亦無別，並不妨礙所感得的唯是一土。因此之故，舊土之相，並不因爲無量衆生的陸續新生，而有所改增。唯除衆生同業轉勝，土亦變勝；同業轉惡，土亦變惡。如：觀音成佛時，其土變淨，更倍於前；娑婆世界，亦將由成劫，而變爲壞劫。若非同業轉變，那就是土常一定，而無變異了。土，豈有常一之理？

△未二解不共相識。

所言不共相者，謂一一凡聖，內身別報是也。以一一凡聖，造業不同，熏於眞心，眞心不共之性，依熏所起，顯現別報，各各不同，自他兩別也。然此不同之報，唯是心相，故言不共相識。

此解不共相識，分總示、釋義、釋名三節：⑴一一凡聖的內身別報，就是不共相識。此為總示。⑵以一一凡聖，造業不同，熏於眞心本具的不共之性，性依熏起，顯現了凡夫的五陰、聖者的報化身等，各各自他不同的別報。此為釋義⑶然此不同的別報，都是唯心所現之相，所以名為「不共相識」。此為釋名。

△未三解共中不共。

就共相中，復有不共相識義。謂如餓鬼等，與人同造共業故，同得器世界報，及遙見恒河，即是共相故。復以彼等別業尤重為障故，至彼河邊，但見種種別事，不得水飲，即是共中不共也。復據彼同類，同造餓業故，同於恒河之上，不得水飲，復是共相之義。於中復所見不同，或見流火、或見枯竭、或見膿血等，無量差別，復是共中不共。若如是顯現之時，隨有同見同用者，即各為共相識。不共見聞，不同受用者，即是共不共相識。隨義分別一切衆生，悉皆如是，可知也。

初句標示共相中有不共相識。向下約異類、同類、例顯，三節以明：

㈠約人鬼異類：餓鬼與人，因為同造共業故；所以報得同一世界，及遙見恒河。這就是「共相識」。又因鬼等造了較共業更重的別業，以為報障；雖遙見恒河，但到了河邊時，却又不見有水可飲。這就是「共中的不共」。

㈡約餓鬼同類：因為餓鬼之類，同造餓業故；所以感得同見恒河無水可飲，這就「是共相識」義。而彼等又於河中所見不同，或見水爲流火、或見水爲膿血、或見河枯無水。這又是「共中的不共」了。

㈢約事例顯：以此例推，凡有這樣的事相顯現時，隨其同見聞、同受用的，那就是「共相識」；就中又有不同見聞、不同受用的，就是「共不共相識」。如此隨義分別，就可以知道一切衆生，都有「共不共相識」了。

△未四解不共中共。

就不共相中，復有共義。謂眷屬知識，乃至時頃同處、同語、同知、同解，或暫相見，若怨若親，及與中人，相識及不相識，乃至畜生天道，互相見知者，皆由過去造相見知等業，熏心共相性故，心緣熏力，顯現如此相見相知等事。卽是不共相中共相義也。或有我知見他，他不知見我者，卽於我爲共，於他爲不共。如是隨義分別，可知。又如一人之身，卽是不共相識。復爲八萬戶蟲所依故，卽此一身，復與彼蟲爲共相識。亦是不共中共相義也。

初句標示不共中有共相義。向下分三段解釋：㈠約眷屬乃至天道以釋：有家族隸屬關係的，叫做「眷屬」。朋友的異稱，叫做「知識」。彼此聞名，叫做「同知」。互相了解，叫做「同解」。非怨非親，叫做「中人」。由眷屬知識說起，乃至頃刻之間，同處一地、同語交談、彼此聞知、互相了解；或暫時相見，若怨敵、若親信、若非怨非親、或曾相識、或不曾相識；乃至畜生、天道的互相見知者；都是由過去世所造共業，熏共相性，性隨熏緣，顯現了諸如此類的相見相知等事。這就是不共相中的共相義。㈡約我他二人以釋：或有我對他亦知亦見，他對我不知不見者；這在他爲不共，在我爲不共中共。如此隨義分別，就可以知道了。㈢約身蟲以釋：又如一人身中，有八萬戶寄生蟲。此一人身，卽與彼八萬戶蟲作共相識，這也是不共中的共相識義。

△午三結示。

以有此共相不共相道理，故一切凡聖，雖同一心爲體，而有相見、不相見，同受用、不同受用也。是故靈山常曜，而覩林樹潛輝；丈六金軀，復見土灰衆色。蓮華妙剎，反爲丘墟；莊嚴寶地，倒言砂礫。斯等皆由共不共之所致也。』

此結共相不共相科文，分爲二節：⑴正結：因爲有共相、不共相的道理；所以一切凡聖，雖同一心爲體，却有相見、不相見，同受用、不同受用的差別。⑵指事警策：世尊常在靈山說法，丈六金身，光明曜輝；而衆生却見雙林入滅，光輝潛隱，火化爲土灰及衆色舍利。故法華經云：「爲度衆生故，方便現涅槃，而實不滅度，常住此說法，以諸神通力，令顚倒衆生，雖近而不見。」世尊在靈山會上，三變世界爲蓮華妙剎，莊嚴寶地；而衆生顚倒，反見妙刹爲丘墟，寶地爲砂礫。又如法華經云：「衆生見劫盡，大火所燒時，我此土安隱，天人常充滿。」何以丈六金身，衆生見爲土灰；妙刹寶地，衆生見爲丘砂？這都是由共相不共相之所致。

△辰三總結。

此明不空如來藏中，藏體一異六種差別之義竟。上來總明止觀依止中，何所依止訖。

上來明藏體一異的六種差別，及總明止觀依止科中的何所依止，都已竟結束了。

△庚二明何故依止。分二：辛一正明。分二：壬一明修必依本義。

次明何故依止。問曰：『何故依止此心修止觀？』答曰：『以此心是一切法根本故。若法依本，則難破壞，是故依止此心修止觀也。人若不依止此心修於止觀，則不得成。何以故？以從本以來，未有一法心外得建立故。』

上科明何所依止，謂「依止一心以修止觀」。然則修止觀，何故要依止此心？因爲此心爲平等性體，是一切法的根本。所以不修止觀則已，若修止觀，那就必須要依止此心，以爲修因，才能不被煩惱所破壞。否則，若不依止此心以修因，那就像無根的樹木枝幹，必不得成。末句約萬法唯心，以明其故，謂：從本以來，沒有一法能夠在心外建立的；所以修止觀，要依止此心。

△壬二明全性起修義。分二：癸一正明。

又此心體，本性具足寂用二義，爲欲熏彼二義，令顯現故。何以故？以其非熏不顯故。顯何所用？謂自利利他故。有如是因緣，故依此心修止觀也。

又此心體，本性具足寂、用二義。然此二義，非修止觀以熏之，不能顯現。試問：顯彼二義，有什麼功用？謂：修止顯寂以自利，修觀顯用以利他。由於這種因緣，所以修止觀，就非依止此心不可了。至於寂、用二義，如何修顯成自他二利，下文自釋。

△癸二釋成。

問曰：『何謂心體寂用二義？』答曰：『心體平等，離一切相，即是寂義。體具違順二用，即是用義。是故修習止行，即能除滅虛妄紛動，令此心體寂靜離相，即爲自利。修習觀行，令此心用顯現繁興，即爲利他。』

怎樣叫做心體寂、用二義？因爲心體平等，所以具足寂、用二義。心體離一切有相、空相、亦有亦空相、非有非空相，所謂「體絕百非，理超四句。」就是「寂」義。心體具違體的染用，順體的淨用，所謂「性具染淨二性」就是「用」義。怎樣修止觀以自利利他？修習即觀之止的「止」行，便能除滅無始以來，由一念不覺而起的虛妄想相，紛亂擾動；使此心體寂靜離相，解脫束縛，就是「自利」。修習即止之觀的「觀」行，使此心體本具的違、順二用，顯現繁興，以度化衆生，就是「利他」。今文約止觀對論，攝觀入止，則偏重於自行；束止歸觀，則偏重於化他。若約通論，則自行化他，無非止觀。至於如何顯現繁興，下文自釋。

△辛二釋疑。

問曰：『修止觀者，爲除生死。若令顯現繁興，此即轉增流浪。』答曰：『不然！但除其病，而不除法。病在執情，不在大用，是故熾然六道，權現無間，即是違用顯現。而復畢竟清淨，不爲世染，智慧照明，故相好圓備，身心安住勝妙境界，具足一切諸佛功德，即是順用顯現也。』此明止觀依止中，何故依止竟。

此疑：修觀原爲除生死，若令體具的違順二用，顯現繁興，豈非轉增生死流浪嗎？不知修觀令違順繁興，是佛菩薩度化衆生，現染現淨的無方大用，靈峯大師喻之爲「君子不器」這與凡夫爲執情所牽的生死，大異其趣。所以答謂：但除生死之病的執情，不除違順大用之法。若並除法，將何以度化衆生，豈不成爲止而不觀的小乘但空了嗎？是故菩薩熾然應化，現身六道：或現人天、或現三途，甚至大權示現無間地獄，這就是違用顯現；怎能與凡夫的生死，相提並論？所以雖熾然六道，而畢竟清淨，不爲世塵所染，依舊是智慧照明、相好圓備、身心安住於勝妙境界、具足諸佛的性淨功德，這就是順用顯現。如此違用顯現，即是不變隨緣，雖止猶觀；順用顯現，即是隨緣不變，雖觀猶止。是則止觀雙行而無礙，寂用全彰而圓成了。末句總結止觀依止科中，何故依止竟。

△庚三明以何依止。分三：辛一分科。

次明以何依止。就中復有三門差別：一明以何依止體狀；二明破小乘人執；三明破大乘人執。

上來已明依止一心以修止觀了。其次應明以什麼來依止此心？大師自判此科，復有三門差別。向下依次解釋。

△辛二解釋。分三：壬一明以何依止體狀。分二：癸一總標。

初明以何依止體狀者。問曰：『以何依止此心修止觀？』答曰：『以意識依止此心修行止觀也。』

八識中的第七識，梵語「末那」此翻爲「意」。第六識爲第七意之所生，故名「意識」

。此識徧通善、惡、無記三性，無境不緣，了別的力用特強，爲餘識所無。所以今修止觀，爲轉識成智，但轉意識爲「妙觀察智」，則其餘的第七末那、第八藏識、眼等五識，也就如其次第的隨之而轉爲平等性智、大圓鏡智、成所作智了。故以「意識」依止此心，修行止觀。

△癸二別釋。分二：子一明止行體狀。分二：丑一正明。

此義云何？謂以意識能知名義故。聞說一切諸法，自性寂靜，本來無相，但以虛妄因緣，故有諸法。然虛妄法，有卽非有，唯一眞心，亦無別眞相可取。聞此說已，方便修習，知法本寂，唯是一心。然此意識如此解時，念念熏於本識，增益解性之力；解性增已，更起意識，轉復明利，知法如實。久久熏心故，解性圓明，自照己體，本唯眞寂，意識卽息。爾時，本識轉成無分別智，亦名證智。以是因緣，故以意識依止眞心修止行也。是故論言，以依本覺，故有不覺；依不覺故，而有妄心。能知名義，爲說本覺。故得始覺，卽同本覺。如實，不有始覺之異也。』

此明修止行，何故要以意識依止眞心？分正釋、引證二節以明：

（甲）正釋分四：㈠聞解：「名」是名稱。「義」是義理。唯意識有聞名解義的功能，故曰：「意識能知名義」。聞名，就是聞師教所說一切諸法的名稱。**解義，就是了解空、假**

、中三諦相卽的妙旨：⑴一切諸法，自性寂靜，本無紛動之相。卽此便是「空諦」。⑵但以因緣假合，故有虛妄諸法的幻現。卽此便是「假諦」。⑶然此虛妄諸法，有卽非有，唯一眞心；而此眞心，亦非離空、假二諦外，別有眞相可取，卽此便是「中道第一義諦」。此聞名解義，約分位而論，就是「名字位」。㈡修習：「聞此說已，方便修習。」就是依解起行。凡是行門，都叫做「方便」，故此方便，卽是指止行而言。「知法本寂，唯是一心。」就是方便修習由聞教所知的「諸法本寂，唯是一心」之義。怎樣修習？約位分三：⑴以意識作此「諸法本寂，唯是一心」的領解時，念念不斷的熏於本識。此初由名字位，進修觀念眞理，如理修行的「觀行位」。⑵本識，是一切有爲、無爲法的根本（阿賴耶識的異名），故以意識熏之，能增益解性。此時意識卽轉爲「無塵智」，又由觀行位，進修至類似眞覺之智的「相似位」了。⑶解性旣增，更起意識，展轉明利，知法如實，離於虛妄。此時無塵智，就轉爲「金剛無礙智」又由相似位，進修至分證中道的「分眞位」了。㈢證得：自觀行，至分眞，展轉熏修，故曰「久久熏心」，至解性圓明，自性自照，體證眞如，故曰「自照己體，本唯眞寂。」金剛智轉爲「妙觀察智」，意識分別，卽便止息，故曰「意識卽息」。爾時本識，隨亦轉爲「大圓鏡智」。此智離一切情念分別，故名「無分別智」；自性親證，故亦名「證智」。到此，就證得無上妙覺的「究竟位」了。㈣結示：自名字位，而觀行、而相似，乃至究竟，無非都是意識的功能。以是因緣，所以要借重意識依止眞心，以修止行了。

（乙）引證：「是故」句下，引起信論爲證。論言：「以依本覺，故有不覺；依不覺故，而有妄心。」論中的「本覺」卽自性淨心。「不覺」卽本識。「妄心」卽意識。這證明了：依眞起妄，而以意識爲禍首；當然返妄歸眞，還得推重意識爲功魁。故又曰：「能知名義，爲說本覺，故得始覺，卽同本覺。」這證明了，意識能知名義故，師敎爲說「一切諸法，自性寂靜。」意識初知此說，卽是「始覺」。始覺所覺之「覺」，卽同「本覺」。始、本名異而實同，故曰：「如實不有始覺之異也」。據此可知，修止行，若捨意識依止眞心一途，就莫知所歸了。

△丑二釋疑。

問曰：『上來唯言淨心、眞心，今言本識，意有何異？』答曰：『本識、阿梨耶識、和合識、種子識、果報識等，皆是一體異名。上共不共相中，已明眞如與阿梨耶同異之義，今更爲汝重說。謂：眞心是體，本識是相，六七等識是用。如似水爲體，流爲相，波爲用，類此可知。是故論云：「不生不滅，與生滅和合，說名阿梨耶識」卽本識也。以與生死作本，故名爲本。是故論云：「以種子時阿梨耶識，與一切法作根本種子故。」卽其義也。又復經云：「自性淸淨心」，復言「彼心爲煩惱所染」。此明眞心雖復體具淨性，而復體具染性故，而爲煩惱所染。以此論之，明知就體偏據一性，說爲淨心。就相與染事和合，說爲本識。以是義故，上來就體性以明，今就事相說，亦無所妨。』問曰：『熏本識時，卽熏眞心不？』答曰：『觸流之時，卽觸於水。是故向言增益解性者，卽是益於眞心性淨之力也。是故論云：「阿梨耶識有二分：一者覺，二者不覺。」覺卽是淨心，不覺卽是無明。此二和合，說爲本識。是故道淨心時，更無別有阿梨耶。道阿梨耶時，更無別有淨心。但以體相義別，故有此二名之異。』

此有二重問答。初問：『前來唯說熏於眞心，而今又說熏於本識，這眞心與本識的意義，有何不同？』答中先出本識異名：「阿梨耶識」與「阿賴耶識」的梨、賴二字，乃新舊譯音之差，義無殊別。據下文所明，此識由不生不滅與生滅和合而得名，能與一切法作根本種子。故亦名「本識」；亦名「和合識」。又據前釋法身文中所明，此識有子時、果時二義。故約子義名「種子識」；約果義名「果報識」。總而言之，是諸識等，不過是一體的異名罷了。

既出本識異名，再爲正答：這眞心與本識的同異之義，在上面「共不共相」的文中已明，那就是：「一者，眞如平等心，此是體也。二者，阿賴耶識，卽是相也。」大師慈悲，今更重說：「眞心是體，本識是相，六七等識是用。」復舉譬云：「如似水爲體，流爲相，波為用。」此以水喻眞心；流喻本識；波喻六七等識。吾人若知因水成流，因流成波；焉有不知因眞心成爲本識，因本識而成六七等識之理？若知波流卽水，焉有不知本識等卽眞心之理？故曰：「類此可知」。

旣已擧譬，再爲引證。起信論云：「不生不滅與生滅和合，說名阿梨耶識。」不生不滅，就是眞心；生滅就是妄惑。這阿梨耶識，旣是眞妄和合，當然爲生死涅槃之本，故曰「與一切法，作根本種子。」這足證阿梨耶識，卽是本識；也證明了本識與眞心，是相卽而非相離。又如，經中旣說「自性清淨心」，又說「彼心爲煩惱所染」。上句明眞心之體，下句明本識之相。可知，若據性體而論，則唯說眞心；若據事相而論，就說爲染淨和合的本識了。

二問：『熏本識時，卽熏眞心不？』眞心與本識的性相不二之理，及水體流相之喻，如上已明。若能悟得，除本識外無別眞心，如流外無水之理，何至於多此一問。所以答謂：『觸流之時，卽觸於水。』以喻熏本識時，卽熏眞心。因此，又將舊話重提，向言：「熏於本識，增益解性之力。」就是熏本識，卽熏眞心。否則，何以增益解性？又引起信論言：「阿梨耶識裏，具有二分：一分是覺，一分是不覺。」覺的一分，就是淨心；不覺的一分，就是無明。此二分和合，就說他名爲本識了。因此，說熏淨心時，無別本識；說熏本識時，無別淨心。淨心與本識，不過是約體相之義，假立二種異名而已，實則非一非異。

筆者案：大師慈悲，不惜苦口婆心，一再擧譬引證，深究經論，對眞心與本識的同異，及其熏習之義，闡發得無微不至。所以了然大師讚謂：「得佛本源，枝流自在。」然彼增上慢人，猶如蠓蟲，竟不解眞心與本識的體相之義，如水與流；熏習之義，如觸流之時，亦觸於水。輒橫起疑謗，不是疑此眞心與阿賴耶識，分解不清；便是謗此熏習之法，爲「輪迴見」。世間竟有這種人，眞是匪夷所思。

△子二明觀行體狀。

問曰：『云何以意識依止淨心修觀行』答曰：『以意識知名義故，聞說眞心之體，雖復寂靜，而以熏習因緣故，性依熏起，顯現世間出世間法。以聞此說故，雖由止行，知一切法畢竟無相，而復卽知性依熏起，顯現諸法，不無虛相。但諸凡惑，無明覆意識故，不知諸法唯是心作，似有非有，虛相無實。以不知故，流轉生死，受種種苦。是故我當敎彼知法如實。以是因緣，卽起慈悲，乃至具行四攝六度等行。如是觀時，意識亦念念熏心，令成六度四攝慈悲等種子；復不令心識爲止所沒，卽是用義漸顯現也。以久久熏故，眞心作用之性，究竟圓興，法界德備，三身攝化，普門示現。以是因緣，以意識依止淨心修觀行也。』

止觀雙行，如鳥之兩翼，旨趣一致。故前明卽觀而止；今明卽止而觀。前明修止，要以意識依止眞心；今明修觀，亦復應然。不過前文重點在止，今文重點在觀而已。玆分爲：聞教、修習、證得三節以明：

㈠聞教：以意識能知名義故，聞說眞心之體，雖復如前文所說的「自性寂靜」，却也不無性依熏起，所顯現的世間、出世間法。此明意識功能。

㈡修習：雖由止行中，了知一切法畢竟無相；而性依熏起，所顯現的諸法虛相，却非有似有。但凡夫愚惑，因其意識被無明所覆，不知諸法唯是心作，似有非有，虛相無實；以致流轉生死，受種種苦。我當教彼知法如實，不爲虛相所惑。以是因緣，卽起慈悲，乃至具行四無量心，及四攝、六度等的觀行。四無量心，就是：⑴與人以樂的慈心無量。⑵拔人之苦的悲心無量。⑶歡喜見人離苦得樂的喜心無量。⑷不住於慈悲喜之相的捨心無量。四攝法，就是：⑴行財、法、無畏三施，以攝化衆生，叫做布施攝。⑵以善言慰喩，攝化衆生，叫做愛語攝。⑶行利他善業，以攝化衆生，叫做利行攝。⑷同彼行事，以攝化衆生，叫做同事攝。六度，就是：⑴修布施以度慳貪。⑵持戒以度破犯。⑶忍辱以度瞋恚。⑷精進以度懈怠。⑸禪定以度散亂。⑹般若以度愚癡。如是修觀行時，意識也念念熏心，使之成爲六度、四攝、慈悲等的種子，不令心識爲止行所沉沒，墮落於灰身滅智的無爲坑裏。這就是依體起用的「用」義，漸漸的由觀行而顯現爲相似覺了。

㈢證得：再久久熏習，由相似而分眞、而等覺、妙覺，則眞如心性的全體大用，就究竟圓滿繁興了。怎樣圓興？「法界德備」就是理具三千的性德圓興；「三身攝化」及「普門示現」就是事造三千的修德圓興。問：佛以報、應二身，於淨、穢土，普門示現，攝化三乘及六道衆生，何以說「三身攝化」？答：寂照同時，性修不二，豈有離法身外，別有報，應之理？否則，何以名爲「法界德備」？又何以名爲「究竟圓興」？末句結示，以是因緣，要以意識依止淨心，以修觀行。

△壬二破小乘人執。分二：癸一正破。

次明破小乘人執。問曰：『但以意識修習止觀，豈不成耶？何故要須依止淨心？』答曰：『意識無體，唯以淨心爲體，是故要須依止。又復意識念念生滅，前非其後；若不以淨心爲依止者，雖修諸行，無轉勝義。何以故？以其前念非後念故。如前人聞法，後人未聞；後人若聞，無勝前人之義。何以故？俱始一徧聞故。意識亦爾，前後兩異，前雖曾聞，隨念卽滅；後若重聞，亦不增勝。何以故？前後二念，俱始一徧聞故。又復如是前人學得甲字，後已命終，後人更學乙字，卽唯解乙字，不識甲字。何以故？前後人異故。意識亦爾，前滅後生，不相逐及，是故不得所修增廣。若以淨心爲體，意識念念引所思修，熏淨心性，性依熏起，以成種子。前念念滅，後念起時，卽與前念所修種子，和合而起。是故更修彼法，卽勝於前。一念如是，念念轉勝，是故所修成就。若不久熏，尙自種子力劣，便則廢失，所修不成。

何況全無依止，直莫前後相熏而得成就也。以是因緣，唯用意識，不假依止，無有是處。』

小乘人計執，修習止觀但以意識卽可，何須依止淨心？今分正答、舉譬、示義三節以破：

（甲）正答所問：依止淨心，其由有二：⑴意識爲淨心之用，淨心爲意識之體。意識既以淨心爲體，那就要依止淨心修止觀了。⑵意識是念念生滅的；淨心是不生滅的。若不依止淨心，縱使修行，亦無展轉增勝之義。何以故？因其前念已滅，後念方生；前念不是後念，後念也不是前念的緣故。

（乙）舉二譬喻：⑴譬如前後二人：前人所聞的法，後人未聞；後人若聞，決無較前人增勝之理。因爲前後二人，他們是各聞一偏之故。意識亦然，前所聞法，隨念卽滅；後若再聞，却不能增勝前義。因其前後二念，都是初聞一偏哪。⑵又如前後二人：前人學會一個「甲」字，就命終死了。後人再學一個「乙」字，他只能識得「乙」字，不能連「甲」字都識。這前後二人，各識一字，如何能够增勝？意識亦然。後念生時，前念已滅，追逐不及。故其所修，僅限於後念所聞，不得增廣。

（丙）示依止義：若依止淨心，則意識念念引其所思修之法，熏於淨性；性依熏起，就成爲本識裏的種子了。既成種子，則前念雖滅，而後念起時，卽與彼種子和合俱起，更加修行，便後勝於前；如此念念轉勝，那有不成就之理？雖有依止，若不久久增上熏緣，則種子的自力，尚且弱劣，便即廢失，所修不成；何況全無依止，那簡直就莫能前後相熏，而得成就了。故末句總結曰「唯用意識，不假依止，無有是處。」

△癸二釋疑。

問曰：『小乘法中，不明有本識，何得所聞所思，皆得成就？』答曰：『博地凡夫，乃至聞教畜生等，有所修習得成者，尚有本識為體，故成。何況二乘。但彼自不知此義，非彼不假淨心也』。問曰：『不聞教畜生，豈無淨心為體？』答曰：『造作癡業尤重，熏心起報，亦即極鈍，雖有黠慧之性，及有宿生黠慧種子，但以現報所障故，不得有用，故不聞教，非是無淨心也。』

小乘人執，雖如上破，猶有二疑：一疑『小乘法中，不明本識，何以所聞所修，皆得成就』？釋謂：『博地凡夫，及聞教畜生（如龍女成佛，鸚鵡生西等事，載在典籍，般般可考）等，只要修行有成就的，尚以本識為體，何況二乘？不過他們雖依止淨心，而不自知此義罷了。』二疑『聞教畜生，固以本識為體；然則，不聞教的畜生，豈無淨心為體嗎？』釋謂：『不聞教的畜生，並不是沒有淨心。因其所造的癡業太重，熏心所起的果報，亦極愚鈍；縱有慧性，及宿世的黠慧種子，卻為現報所障，不得顯用，所以他不能聞教。』

△壬三破大乘人執。分二：癸一破名言。

次明破大乘人執。問曰：『但用淨心修行止觀，卽足。何用意識爲？』答曰：『已如上說，由意識能知名義，能滅境界，能熏本識，令惑滅解成，故須意識也。』問曰：『淨心自性寂靜，卽名爲止；自體照明，卽名爲觀。彼意識名義，及以境界，體性非有，何論意識尋名知義，滅自心境界耶？』答曰：『若就心體而論，實自如此。但無始已來，爲無明妄想熏故，不覺自動，顯現諸法，若不方便尋名知義，依義修行，觀知境界有卽非有者；何由可得寂靜照明之用？』問曰：『淨心自知己性本寂，卽當念息，何用意識爲？』答曰：『淨心無二，復爲無明所覆故，不得自知本寂，要爲無塵智熏，無明盡滅，方得念息。』問曰：『但息於念，心卽寂照，何故要須智熏，寂照始現？』答曰：『若無無塵智熏，心裏無明終不可滅，無明不滅，念卽叵息。』

天然本具，未曾顯發的，叫做「性德」。由意識聞教起智，熏發而顯現的，叫做「修德」。有一類所謂的大乘人，不知非修無以顯性之理；但儱侗眞如，顢頇佛性，自以謂得體。大師慈悲，假設此四重問難，逐一予以答釋：

㈠問：『但用淨心修行「止觀」就够了；用意識做甚？』不知淨心爲意識之體，意識爲淨心之用；若不用意識，淨心又有何用？所以答謂：『以意識有如上已說的三種用能：⑴能知諸法本寂，唯一心作等的名義。⑵能滅自心紛動的虛妄境界⑶能熏本識，使妄惑息滅，解性成就。由此三能，所以要用意識修行止觀。』

㈡問：『淨心自性寂靜，卽名爲「止」；自體照明，卽名爲「觀」。是則淨心自性，已具卽寂而照之用了。至若意識、名義、境界，都不是體性本有；旣非體性本有，則「意識尋名知義，滅自心境界」的話，何足爲論？』此問者雖亦明體，却未達用，所以答謂：『若就心體而論，實自如此；但無始時來，淨心早爲無明妄想所熏，不覺自動而顯現諸法了。若不假意識尋名知義，依義起行，觀自心境界有卽非有的方便；那自動，何由可得寂靜；不覺，又何由可得照明之用呢？』

㈢問：『淨心自知己性本寂，妄念卽息，何用假意識方便？』殊不知淨心本寂，非知非不知；才說自知，便非本寂，何名淨心？所以答謂『淨心無二，只此一淨心，又爲無明所覆，怎能自知本寂？若別有能知的淨心，所知的本寂；則是能、所二心相待，反成妄念，何云念息？所以要假意識觀行，起無塵智，展轉熏修，使無明盡滅，方得念息。』

㈣問：『念由心起，只要息念，心卽寂照；何故要以智熏，寂照才能顯現呢？』那知論云：「無明力故，不覺心動。」要息念，非滅無明不可。所以答謂：『若無無塵智，心裏的無明終不可滅；無明不滅，念何以息？』

△癸二破暗證。分二：子一問。

問曰：『我今不觀境界，不念名義，證心寂慮，泯然絕相，豈非心體寂照眞如三昧？』

上來問者所計「不許意識與智，能知名義，能滅境界；但以淨心自知自滅。」已遭破斥；今復述其黑山鬼屋的暗證經過，强詞以逞。靈峯大師釋謂：「所謂『不觀境界，不念名義。』是出其盲修功夫。『證心寂慮，泯然絕相。』是呈其暗證妄境。『豈非心體寂照，眞如三昧？』是錯認驢鞍橋，作阿爺下頷。」

△子二答。分二：丑一約證破。分二：寅一標徵。

答曰：『汝證心時，爲心自證；爲由他證；爲證於他？』

此先標徵三義：一爲自證。二爲他證。三爲證他。備作下文破斥張本。

△寅二逐破。分三：卯一破自證。分三：辰一直破。

若心自證，卽是不由功用，而得寂靜。若爾，一切衆生，皆不作心求於寂靜，亦應心住。

淨心自證，就是不由功用，而得寂靜，若從性論，非無此理。然今文爲約修辨義，並非論性；若但論性，則一切衆生，都不用作意修行，以求寂靜，此心，就自然常住不動了。豈有此理？

辰二破轉計。分五：巳一破作意。

若言非是自然而證，蓋由自心作意自證，名爲自證者。作意卽是意識，卽有能所，卽名爲他，云何得成心自證也。

此先立轉計，再爲破斥。轉計：『所謂自證，並非自然而證；而是由自心作意，還證自心，叫做自證。』破斥：『作意，就是意識。意識爲能證，淨心爲所證。能證的意識爲他，所證的淨心爲自。是爲他證，如何說成淨心自證？』

△巳二破自止。

若非他證，但心自止，故名自證者。若不作意，卽無能所，云何能使心證？若當作意，卽是意識，卽是他證。

轉計：『並非他證，但心念自止，名爲自證。』破斥：『所謂「但心自止」，是作意而止呢，還是不作意止？若不作意，誰爲能止，誰爲所止？旣無能所，怎能使心自證？若當作意，例同前破，還是他證，並非自證。』當文「卽是他證」之句，乃爲破「自證之計，隨他意說，非許淨心應由他證。

△巳三破能知。

若言衆生體實皆證，但由妄想不知體證，故有其念。能知心體本性證寂，不念諸法故，念即自息，即是眞如三昧者。爲是意識能知本寂，爲是淨心能知本寂？若是淨心自知本寂，不念諸法者；一切衆生皆有淨心，應悉自知本寂故，自息滅妄識，自然而得眞如三昧。以不修不得故，知淨心不得名自知也。若言意識能知淨心本證，即自息滅故，但是意識自滅，非是意識能證淨心，是故說言心自證者。意識知心本證之時，爲見淨心，故知本證？爲不見淨心，能知證也？若言不見淨心能知證者；不見佛心，應知佛證。若見淨心，故知證者；淨心即是可見之相。云何論言：心眞如者，離心緣相。又復經言：非識所能識，亦非心境界。以此驗之，定知意識不見心也。以見與不見，無有道理知心本寂故，設使心體本證，妄念之心不可息也。

轉計：『淨心本寂，自體自證，故名「體證」亦名「本寂」；亦名「本證」。衆生心體，實皆本具證寂，故曰：「體實皆證」。但由妄想不知體證，故念諸法而有念起；倘若能知心體本性證寂，則不念諸法，念自止息。這便是眞如三昧，便是自證。』

破計：計者所計，不外「意識能知」與「淨心自知」二途，故今亦分二破：㈠破淨心自知：

『若是淨心自知本寂，則一切衆生皆有淨心，就應當都能自知本寂、自滅妄識、自然得眞如三昧；何以非修不得呢？既非修不得，可知淨心不能自知了。』㈡破意識能知：『若說，以意識能知淨心本證故，便自息滅，但是意識自滅，不是意識能證淨心，因此說爲淨心自證的話。試問，當意識知心本證之時，是見了淨心才知本證呢？還是不見淨心，便知本證？若不見淨心便知本證；則一切衆生，就應當不見佛心，能知佛證。豈有此理？若見淨心，方知本證；那淨心豈不成爲有境界可見的相了嗎？若有境界可見，何以論云：「心眞如者，離心緣相。」經云：「非識所能識，亦非心境界。」呢？以此經論爲證，決定知道意識不見淨心。』

結示：『淨心有相可見，不能知本寂；不見淨心，亦不能知本寂，故曰：「見與不見，無有道理知心本寂。」因此之故，若不轉意識爲無塵智，卽令有「心體本證」之義，妄念依然紛動，不可息滅。』

△巳四破自知。

若言妄識雖不見淨心，而依經教知心本寂故，能知之智，熏於淨心，令心自知本證，卽不起後念，名爲自證者。汝依經教知心本寂之時，爲作寂相而知，爲不作寂相而知？若作寂相而知者，妄想之相，云何名寂？若不作相，卽心無所繫，便更馳散。若言作意不令馳散者，卽有所緣；旣有所緣，卽還有相，云何得言不作相也？

向計意識能知本證，已遭約見以破。故復轉計謂：『並非意識能見淨心，爲知心本寂；亦非別有所謂的「無塵智」能知本寂；而是以意識聞教，知心本寂，名之爲智。即以此智熏於淨心，令心自知本證，不起後念，名爲自證。』此「依經教知心本寂」之計，不出「作寂相而知」與「不作寂相而知」二途。故今亦分二破：㈠破作相：『若作寂相而知，則此由作而成的寂相，即是妄想之相，怎能說名爲寂？』㈡破不作相：『若不作相而知，則心無所繫，如脫韁之馬，便更馳散，如何能知？若說「但以作意，不令馳散。」那便是心有所緣；既有所緣，還是有相，怎能說不作相呢？』

△巳五破七識能見。

若言七識能見淨心故，知心本寂。知已熏心，令心自知本證故，不起後念，即名爲自證者；是亦不然。何以故？以七識是我執識故，不能見心本寂。又復若爲能緣之所緣者，即非淨心，如上心體狀中已說。既所緣非實，故熏心還成妄念也。

第七末那識，是第六意識所依的根本。故於意識能見淨心之計，遭破斥後，又轉計謂：『七識必定能見淨心，知心本寂；還復熏心，令心自知本證，不起後念，名爲自證。』不知七識，也同意識是一樣的不見淨心，故破之曰：『是亦不然！』並申明其故有二：⑴第七識是我執之識，他只能緣覆藏淨心的第八識見分，執爲內我；怎能見淨心本寂？⑵淨心本寂，不爲能緣之所緣；若爲能緣所緣，那就不是淨心了。這在上來「明心體狀」中已經說過「能緣既不實故，所緣何得是實？」了。既所緣非實，設使熏心，還成妄念。怎能令心自知本證？

△辰三結破。

以是義故，無有道理淨心自證，不起後念也。

此總結上來破自證科文。以此破斥之義故，所謂「淨心自證，不起後念。」的計執，沒有道理可以成立。

△卯二破他證。分二：辰一正破。

若言由他證者，是亦不然。何以故？心體自寂靜故，但以有六七識等，名之爲他。由有此他，故說他心不證。是故乃可證他，何須以他證心也。

上來「淨心自證」之計，已遭破斥爲「無有道理。」不得已，又借詞轉計爲「他證」。那知他證亦無道理，故破之曰：『是亦不然』並申明其故謂：『心體本自寂靜，平等一如，那分自、他？不過有妄念紛動的六七識等，對本寂自體爲論，名之爲「他」罷了。由於有此六七識等的「他」不達心體本寂之理，所以說爲「他心不證」。以是之故，乃可以自心證他，何須他證自心？』據此可知，若轉意識爲「無塵智」，了達心體本寂之理；即名爲他證，亦無不可。否則，妄念紛動的六七識等，如何能證淨心，而名爲他證？

當文「乃可證他」之句，乃爲破「他證」之計，隨他意說，非許淨心應證於他。

△辰二轉破。

若言心體雖復本寂，但以無始無明妄念熏故，有此妄念習氣在於心中，是故心體亦不證寂，故須他證者。何等方便，能除心中習氣，令心證也。若言更不起新念故，不熏益彼習氣，彼卽自滅者。彼未滅間，有何所以，不起新念也。若無別法爲對治者，彼諸習氣法應起念。若起念者，更益彼力也。以是義故，由他所證，亦無道理。

計者上來所計的「他證」，被大師以「心體自寂靜故，不須以他證心。」之理，予以破斥後，又轉計謂：『因心中有無始無明妄念，所熏成的習氣，故心體亦不證寂。所以還須他證。』但此所謂他證的「他」，必須是能除習氣的方便，也就是由意識轉成的「無塵智」。然而，彼既不許轉識成智，反以意識爲他證的「他」，可謂顢頇之極！故破之曰：『汝以何等方便，除心中習氣，令心證寂？』言外，既無方便除心中習氣，「他」怎能令心證寂？

彼又轉計：『只要不起新念，熏彼心中習氣，使之增益；彼卽自滅，心亦證寂。用方便做甚？』那知新念雖能增長習氣，亦由習氣而起；習氣未滅，怎能不起新念？故又破之曰：

『在習氣未滅之時，有什麼辦法不起新念？若無別法對治習氣；則彼諸習氣法，勢必更起新念，更增彼力。』言外，若不轉意識成「無塵智」以爲方便，別無他法令心證寂。故總結曰：『以是義故，由他所證，亦無道理。』

△卯三破證他。分四：辰一明他不易證。

若言不須用他證心，但證於他；以證他故，習氣自滅者。是亦不照！他既有習氣爲根本故，念念常起，若不先除彼習氣種子者，妄念何由可證也。

上來「他證」既遭破斥，今又轉計爲「證他」。謂：『不須用他證心，但以淨心證他，令他得證；他既得證，妄念不起，習氣自滅。』今破之曰：『是亦不然！』並申明其故謂：『他既有無始習氣爲根本，使今日的妄想，念念常起；若不從根本下手，先除其習氣種子，那妄念何由可證？』

△辰二明心不證他。

又復淨心，無有道理能證於他。若能證他者，一切衆生皆有淨心，應悉自然除於妄念也。

淨心證他，是有道理的。這道理，就是以無塵智，用於淨心，除彼妄念。否則，若無「

無塵智」淨心怎能證他，故曰：「無有道理能證於他」。若無「無塵智」而淨心能證他的話；那一切衆生皆有淨心，都應當自然除其妄念了。豈有此理？

△辰三明他不相止。

若言妄念前後自相抑止，久久卽息，故名爲證他者。爲前止後，爲後止前？若言前念止後念者，前在之時，後識未生，後若起時，前念已謝，不相逐及，云何能止？若言後念止前念者，亦復如是，不相逐及，云何能止？

淨心名「自」，妄念名「他」。上計以自證他，已遭破斥，故又轉計以他證他，謂：『所謂證他，並非以淨心除妄念；而是前念止後念，後念止前念；這樣妄念前後自相抑止，久久就息滅了，所以名爲證他。』那知前後妄念，是不能互相抑止的，故破之曰：『前念在時，後念尚未生起；後念起時，前念就已竟落謝了。他們前後不相逐及，怎能互相抑止？』

△辰四明嫌非方便。

若前念起時，卽自嫌起。嫌起之心，熏於本識，令不起後念者。心不自見，云何自嫌？若後念嫌前故，能嫌之心熏於本識，令不更起後念者。能嫌之心嫌前心時，爲知前心是空，故嫌；爲不知是空，故嫌？若知是空，卽是無塵智也，汝云何言，不須此智。又若知是空，則應不嫌。若不知前念空者，此心卽是無明。何以故？以其

前念實空，而不能知故。又復不知前念空故，執有實念而生嫌心，即是妄想。何以故？以其於空，妄起實有想故。此能嫌之心，既是無明妄想故，即是動法，復言熏心，此乃亦增不覺，重更益動，生起之識，於是雲興；而言能令後念不起者，蓋是夢中之夢，未醒覺也，故作是說。彷佛不睡者，必應不言如此。

此爲由上計「妄念前後自相抑止」已遭破斥後的兩番轉破。茲分三段明之如下：

㈠轉計前念自嫌，謂：『當前念起時，即自嫌念起；此嫌起之心，熏於本識，使之不起後念，這樣叫做相止。』破斥：『嫌，就是憎惡之義。一念心起，不能自見其妄，猶如自眼不見自眼。既不自見，又怎能自嫌？若有嫌起之心，那就是又起後念，不是前念的一念了。』

㈡轉計後念嫌前，謂：『嫌起之心，並非不是後念；而是後念嫌前念的能嫌之心，熏於本識，使之不再起後念。』將破此計，先標定二義：⑴爲知前念是空，故嫌。⑵爲不知是空，故嫌。然後再隨二義破斥：初破知空，謂：『若知前念是空，有即非有；那就是轉意識成無塵智了。你爲什麼前云「何用意識爲」，豈不是不須此智嗎？又既知前念是空，就應當不以爲嫌。』次破不知空，謂：『若不知前念是空，則此能嫌之心，約不知是空而論，便是無明；約執有實念而論，便是妄想。』

㈢約法喻總破，謂：『此能嫌之心，既是不覺的無明，紛動的妄想；又說以此熏於本識，豈不更增不覺，更加紛動嗎？於是妄識生起，猶如雲輿，反說能令後念不起。這話好像夢中之夢，尚未醒覺時的囈語；又彷彿為不睡的人所不當說的話。』

△丑二約修破。分二：寅一正破。

又復若言不作心念諸法，故念不起者。為淨心不作心念？為是意識不作心念？若是淨心不作心念者，本來何因作心念法，今忽何因不念法也？若是意識不念法者，意識卽是其念。若言意識不作心念法者，為對見法塵而不念？為不對見法塵而不念？為對而不見而不念？為全不對塵名為不念？若不對塵，云何說為意識？何以故？以識者必識所識故。若對而不見，卽是頑嚚之法。若見而不念，為何所因而得不念？為知空故，所以不念？謂為有故，所以不念？若知是空，是無塵之智，對而不見，見而不念，二俱無妨。何故汝言不須此智？若謂為有，卽不能不念。又復謂有之時，卽已是念。又復謂為有故，卽是無明妄想；而復不念，譬如怯人閉目入闇道理：開眼而入，唯有外闇，倒生怕怖；閉目而入，內外俱黑，反謂安隱。此亦如是，念前法時，唯有迷境無明，而生嫌心；不念之時，心境俱闇，反謂為善。又復若不作意念法，心則馳散；若作意不念諸法，作意卽是亂動，非寂靜法，云何得名證心也？

上來約證破竟，今復約修以破，故首加「又復」二字。文分三段：（初）牒計：「不作心念諸法，故念不起」。㈡雙標二義，作爲破斥張本：⑴「爲淨心不作心念？」⑵「爲是意識不作心念？」㈢「若是」下破斥。分甲、乙、丙三節以明：

（甲）破淨心不作心念，謂：『淨心本寂，應自昔以來，本不作心念法；何因本來作心念法，而今忽然又不念法了？』此明能令妄念不起的關鍵，在於意識轉無塵智，不在淨心不作心念。

（乙）破意識不作心念，就中分總、別之二：㈠約識體總破，謂：『意識的當體，就是妄念，怎能說爲不作念呢？』㈡約根塵別破，先標立四句：⑴「對見法塵而不念？」⑵「不對見法塵而不念？」⑶「對而不見而不念？」⑷「全不對塵名爲不念？」法塵爲意根所對，意識所識，故名「對見」。六根不對六塵，故曰「全不對塵」。餘義可知。但今所謂的「意識」，乃通指第六及五俱意識而言。所謂的「法塵」，亦通六塵。「對見」，亦通六根。故立雖四句，破祇分三：⑴破第四、第二兩句，謂：『意識之所以得名，由於識其所識之塵故。若不對塵，則無所識，怎能名爲意識？』⑵破第三句，謂：『對無不見，若對而不見，那便是頑愚盲聾；然而意識了別明利，並非頑聾，怎能對而不見？』⑶破第一句中，先總破謂：

『絕無見而不念之理，若見而不念，爲何所因而得不念呢？』次標定二義：㈠「爲知空故，所以不念？」㈡「謂爲有故，所以不念？」再隨義別破：先破知空，意謂：『若爲知空，那便是無塵智，能了境虛，有卽非有，無論對而不見，見而不念，二俱無妨。爲什麼你說不須此智？旣不須此智，又怎能見而不念？』次破爲有，分三：⑴約法以破：『若說爲有，就不能不念。又，說有之時，便已是念，便是無明妄想；而反說爲不念，豈非迷上加迷？』⑵舉喻以破：『譬如，膽怯的人，進入闇境。睜眼而入，唯有外闇，反倒心生恐怖！閉眼而入，內外俱黑，反謂安隱。』⑶以法合譬：『當後念念前法時，唯有迷境無明，而生嫌心。』此合「開眼入闇」譬。『不念之時，心境俱闇，反謂爲善。』此合「閉眼入闇」譬。

（丙）結破不念，謂：『作心，就是作意。若不作意念法，則心猿意馬，攀緣馳散，怎能不念？若但作意而不念諸法，是亦不然！因爲作意就是亂動，而非寂靜，怎能名爲證心本寂？』

△寅二判簡。

但以專心在此不念故，卽以此不念爲境。意識爲此境所繫故，於餘境界無容攀緣。是故惑者不知此事，便謂於諸法無復攀緣。遂更深生實玩，將爲眞法。是以策意相續不休，以晝夜久習熟故，不復作意，自然而進。但不覺生滅常流，剎那恒起；起復不知，無明妄想，未遣一毫；又不解自身居在何位，便言我心寂住，應是眞如三昧。作如是計者，且好不識分量也。雖然，但以專心一境故，亦是一家止法。遠與無塵之智爲基，近與猿猴之躁爲鎖。比彼攀緣五欲，游戲六根者，此卽百千萬倍爲殊爲勝；但非心體寂照眞如三昧耳。是故行者爲而不執，卽是漸法門。若欲成就出世之道，必藉無塵之智也。

此分判簡別，不容以妄濫眞。先敘其「不作心念」的修證之相，謂：『但以專心在此「不念」故，卽以此不念爲所觀之境。能觀的意識，爲此一境所繫，而於其餘境界，就無容攀緣了。然此，不過爲一境所繫，尚有餘境不暇攀緣而已；並非能觀境虛，無所攀緣。惑者不知，便謂於諸法無復攀緣了。遂更敝帚自珍，深生寶玩，視爲眞法。於是策勵作意，晝夜無間，相續不休，久而習熟，便能不再作意，自然修進。』

「但不」句下，判其以妄濫眞。謂：『但不自覺，此不復作意，乃繫念一境，並非無念，依舊如尋常一樣，生滅遷流，剎那恒起。又復不知此恒起不息的無明妄想，不曾遣除一毫；又不解自身居何等地位；便自詡謂：「我已證心寂住，應是眞如三昧。」作這樣計執的人，顚倒眞妄，也太不知分量了。』

「雖然」句下，許爲方便，簡非圓頓。謂：『上來所計，雖非實法，但以專緣一境故，却也不失為一種修止之法。遠則可與無塵智作基礎；近則可與躁如猿猴的妄情，作拘禁之鎖；比那攀緣五欲，游戲六根來說，此殊勝功德，已過彼百千萬倍了。可是，這並非心體寂照的眞如三昧啊。以是之故，只要行者不執此為眞法，卽是漸修法門；若欲成就出世之道，那就非藉無塵智的圓頓法門不可了。』

△辛三總結。

此明止觀依止中，以何依止竟。上標五番建立中，第一止觀依止訖。

初句結止觀依止中，三門分別的第三「以何依止」竟。次句總結五番建立中的第一「止觀依止」訖。

△戊二明止觀境界。分三：己一標章。

次明止觀境界者，謂三自性法，就中復作兩番分別：一總明三性，二別明三性。

分別、依他、眞實三性，攝一切法罄無不盡，故名「三自性法」。自性淸淨心，離名絕相，不但非分別、依他境界，卽眞實性的名目，亦無從安立。今為方便利物，不得不假名相說，以三性為所觀之境了。

△己二釋義。分二：庚一總明三性。

所言總明三性者；謂出障眞如，及佛淨德，悉名眞實性。在障之眞與染和合，名阿賴耶識，此卽是依他性。六識七識妄想分別，悉名分別性。此是大位之說也。

此總明三性：⑴眞如出離煩惱、業、報三障，名爲「出障眞如」。出障，卽解脫垢染，名「佛淨德」。眞如、淨德，名異而實一，所以都叫做「眞實性」。⑵「在障之眞」是不生不滅的。「染」是生滅的。不生不滅與生滅和合，名爲阿賴耶識。此識依他染、淨衆緣所熏而起染、淨之用，所以亦名爲「依他性」。⑶以第六、七識妄想分別故，所以悉名「分別性」。

此三性，但約位略判，向下再詳爲別明，故末句結謂：「此是大位之說也」。

△庚二別明三性。分二：辛一別明。分三：壬一別辨眞實性。分三：癸一標章。

所言別明三性者。初辨眞實性，就中復有兩種：一者有垢淨心以爲眞實性。二者無垢淨心以爲眞實性。

此於別明三性中，標示先辨「眞實性」的章目有二：一爲有垢淨心；二爲無垢淨心。向下各釋。

△癸二各釋。分二：子一釋有垢淨心。

所言有垢淨心者，即是衆生之體實，事染之本性，具足違用，依熏變現，故言有垢。而復體包淨用，自性無染。能熏之垢本空，所現之相常寂，復稱爲淨。故言有垢淨心也。

初句標目。以下釋義：衆生、事染，爲垢；眞如性體，爲淨。衆生之體非實，而以眞如爲實體；事染無性，而以眞如爲本性。故曰：「即是衆生之體實，事染之本性。」換言之，眞如實性，即是衆生事染的本體。何則？眞如實性，平等無二，非染非淨；雖非染淨，却具足了違於平等一性的染用，依染緣熏變，而現染事，所以說爲「有垢」。雖說有垢，而復體包淨用，眞如自性，並無垢染。以此觀之，能熏之垢本空，所現之相常寂，所以又稱爲「淨心」。末句結成，「故言有垢淨心也」。

△子二釋無垢淨心。

所言無垢淨心者，即是諸佛之體性，淨德之本實。雖具法爾違用之性，染熏息故，事染永泯。復備自性順用之能，淨熏滿故，事淨德顯，故言無垢。雖從熏顯，性淨之用非增；假遣昏雲，體照之功本具，復稱淨也。故言無垢淨心。

初句標目。「即是」下釋義：諸佛淨德，爲無垢；體性本實，爲淨心。故曰：「即是諸佛之體性，淨德之本實。」換言之，即是體性本實無垢。何則？體性本實，雖法爾具違（染）用之性；也具備了自性順（淨）用之能；故修染熏息，則事染永滅；修淨熏滿，則事淨德顯，所以說為「無垢」。雖從熏顯，而性淨之用本具，實非因熏而增。雖遣除如昏雲似的妄惑，而自體照明的功用本具，實非藉遣昏妄，方有照用。所以又名為「淨心」。末句結成，「故言無垢淨心」。

△癸三合結。

然依熏約用，故有有垢無垢之殊。就體談眞，本無無染有染之異。即是平等實性大總法門，故言眞實性。問曰：『既言有垢淨，亦應稱無垢染。』答曰：『亦有此義。諸佛違用，即是無垢染。但為令衆生捨染欣淨，是故不彰也。』

「依熏約用」就是約修德言。「有有垢無垢之殊」就是事染事淨。「就體談眞」就是約性德言。「本無無染有染之異」就是性非染淨。攝用歸體，無法不收，即是平等實性大總法門，所以名為「眞實性」。問：『既言有垢淨，亦應稱無垢染；何得有垢、無垢，俱名淨心？』答：『亦有此無垢染義。如諸佛無垢，能以違用應化六道，隨緣不變，在塵不染，就是無垢染。但為欲令衆生捨染欣淨，返妄歸眞故；所以不彰染名，唯揚淨德。』

△壬二別辨依他性。分二：癸一標章。

二明依他性者，亦有二種：一者淨分依他性。二者染分依他性。

此標示「依他性」的章目，亦有「淨分」與「染分」二種。向下各釋。

△癸二各釋。分二：子一釋淨分依他。分二：丑一正釋。

清淨分依他性者。即彼眞如體具染淨二性之用。但得無漏淨法所熏故，事染之功斯盡，名爲清淨。即復依彼淨業所熏故，性淨之用顯現，故名依他。所現，即是所證三身、淨土、一切自利利他之德，是也。

初句標目，以下釋義：在障眞如，體具染淨二性之用：染性之用，但得戒、定、慧的無漏淨法所熏，使煩惱事染都盡，名爲「淸淨」；淨性之用，復依彼無漏淨業所熏，而得顯現，名爲「依他」。所現，即是所證的三身四土：理體顯現，即所證的「法身」及「常寂光土」；智相顯現，即所證的「報身」及「實報莊嚴土」；妙用顯現，即所證「應身」及「方便有餘土」、「凡聖同居土」。此三身四土，約自證來說，一切自利；約益物而言，一切利他。故曰：「一切自利利他之德是也」。

△丑二料簡。分二：寅一約性染義對簡。分三：卯一正明性染有用。

問曰：『性染之用，何謂由染熏滅故，不起生死。雖然，成佛之後，此性豈全無用

？』答曰：『此性雖爲無漏所熏故，不起生死，但由發心已來，悲願之力熏習故，復爲可化之機爲緣熏，示違之用，亦得顯現，所謂現同六道，示有三毒，權受苦報，應從死滅等，即清淨分別性法。』

問意有二：一謂：『性染之用，既是本具，何謂由染熏息故，不起生死？』此意由不解事染息滅，性染不滅之理而起。二謂：『成佛之後，既不起生死；則此染性，豈全無用？若復有用，何云不起？』此意由不辨自他權實而起。答意亦二：一約自行之實，答謂：『染性，爲無漏淨法所熏故，不起生死事染，而性染不滅。』二約化他之權，答謂：『雖不起生死事染，然自發心修行以來，以悲願之力爲因，可化之機爲緣；因緣熏習，亦得從權顯現違用。所謂：「現同六道」如觀音菩薩的隨類現身。「示有三毒」如華嚴會上，妙德女的示貪；險難國王的示瞋；婆須蜜多女的示癡。「權受苦報」如世尊被推石傷足，及受食馬麥等的九難之報。「應從死滅」如世尊的應化身，於鶴林現滅等，即是清淨分別性法。』此釋依他性，何以名爲「清淨分別性法」？下文當釋。

△卯二釋名清淨分。

問曰：『既從染性而起，云何名爲清淨分？』答曰：『但由是佛德故，以佛望於衆生，故名此德以爲清淨。若偏據佛德之中論染淨者，此德實是示違染用。』

問意謂：『違用，旣從染性而起；何以不名染濁，而名爲淸淨呢。』答謂：『示違之用，如現同六道、示有三毒等，無非由佛悲願化衆的淨德所權現，與凡夫因業受報的染濁，迥別霄壤。故以佛望衆生而論，卽名此德以爲淸淨；若偏據佛德的範圍以論染淨，則此德，就是大權示現的違（染）用了。』

△卯三釋名分別性。

問曰：『旣言依他性法，云何名爲分別性？』答曰：『此德依於悲願所熏起故，卽是依他性法。若將此德對緣施化，卽名分別性法也。』

問意謂：『上來釋依他性法，何以名爲「分別性」。二性豈容混爲一談？』那知法體是一，熏顯施化，相用名異。所以答謂：『此德，約依悲願熏顯之相而論，卽是「依他性法」；若約對緣施化之用而論，那就名爲「分別性法」了。』不過對緣施化的「分別性」，是任運分別，如鏡照物，與凡夫的作意分別不同罷了。

△寅二對眞實性料簡。

問曰：『無垢眞實性，與淸淨依他性，竟有何異？』答曰：『無垢眞實性者，體顯離障爲義，卽是體也。淸淨依他性者，能隨熏力，淨德差別起現爲事，卽是相也。

清淨分別性者，對緣施設為能，即是用也。』

「無垢眞實」與「清淨依他」二性，名義相類，所以問謂：『竟有何異？』問中但約「眞實性」以簡「依他」。答中則兼約「分別性」以明三大：⑴「無垢眞實性」，以離於垢障，體顯為義，所以名為「體大」。⑵「清淨依他性」，以能隨熏力，淨德起現的差別事相為義，所以名為「相大」。⑶「清淨分別性」，以對緣施化的功能為義，所以名為「用大」。

此三大，雖三而一，不相捨離：約體則無別相用；約相則無別體用；約用則無別體相，故名三大。所以靈峯大師，舉鏡體、光、照，以為同喻。

△子二釋染分依他。分二：丑一正釋。

所言染濁依他性者，即彼淨心，雖體具違順二用之性；但為分別性中所有無明染法所熏故，性違之用，依熏變現虛狀等法，所謂流轉生死，輪迴六趣，故言染濁依他性法也。

初句標目。以下釋義：淨心之體，雖具違順二用之性，但為分別性中所有的無明染法所熏故，性順之用，隱而不顯；性違之用，則依熏變現流轉生死，輪迴六趣等似有非實的虛狀之法。合此染法所熏、依熏變現二義，所以名為「染濁依他性法」。

△丑二料簡。分二：寅一正簡。

問曰：『性順之用，未有淨業所熏故，不得顯現。雖然在於生死之中，豈全無用耶？』答曰：『雖未爲無漏熏故，淨德不現；但爲諸佛同體智力所護念故，修人天善，遇善知識，漸發道心，卽是性淨之用也。』

問意謂：『性淨之用，若無淨業所熏，不得顯現；然則，衆生在生死流轉中，其性淨豈全無用？』答意謂：『衆生雖未爲無漏淨法所熏，淨德不現；但爲諸佛以生佛性淨同體的智力所護念，使之修人天乘的五戒十善，遇善知識，得聞法要，漸發道心，便是性淨之用。』

△寅二釋疑。

問曰：『一切衆生皆具性淨，等爲諸佛所護，何因發心先後，復有發不發？』答曰：『無始已來，造業差別，輕重不同，先後不一。罪垢輕者，蒙佛智力；罪垢重者，有力不蒙。』問曰：『罪垢重者，性淨之用豈全無能？』答曰『但有性淨之體不壞，以垢重故，更不有能也。』問曰：『上言凡聖之體，皆具順違二性，但由染淨熏力，有現不現，何故諸佛淨熏滿足，而不妨示違之用有力；凡夫染業尤重，而全使性順之用無能也？若以染重故，性淨無能；亦應淨滿故，染用無力。旣淨滿而有示違之功，定知染重亦有性順之用。』答曰：『諸佛有大悲大願之熏，故性違起法界之染德，能令機感斯見。眾生無厭凡欣聖之習，故性順匿無邊之淨用，不使諸佛同鑑。無淨器可鑑，故大聖捨之，以表知機。有染德可見，故下凡尋之，明可化也。是故淨滿不妨有於染德，染重不得有於淨用。』

此疑由上文「性淨之用」而起。三番問答，層層深究，玆依次列舉：

一、問：『衆生皆具性淨，皆爲諸佛所護，機緣等同，爲什麼發心修道有先有後，甚至有發心與不發心的差別呢？』答謂：『衆生自無始以來，造業有輕重，所以發心也有先後。其罪障輕者，蒙佛智力所護念；罪障重者，雖有佛力，亦不蒙護。所以有發心，有不發心。』

二、問：『罪垢重者，不蒙佛護，不肯發心，豈性淨之用全無功能嗎？』答謂：『因罪垢太重，但有性淨之體不壞，更無功能。除懺悔滅罪。』

三、問：『上言凡聖皆體具違順二性；但由染淨熏力之故，凡則違現順隱；聖則順現違隱。何故今言諸佛淨熏滿足，不妨違用有力；凡夫染熏業重，竟使順用無能呢？若因染熏使性淨無能，亦應淨滿使染用無力；既淨滿有示違之功，染重豈無性順之能嗎？』答謂：『諸佛有大悲願力，能熏性違起法界染德，現同六道，示有三毒，令可化之機，有感斯見；所以淨滿不妨有於染德。衆生無厭凡欣聖之習，故性順隱匿，不起淨用。如濁水未澄，不使如高空明月的諸佛智光，普同鑑照；故大聖捨之，以表知機發時未至，所以染重不得淨用。』

△壬三別辨分別性。分二：癸一標章。

三明分別性者，亦有二種：一者清淨分別性；二者染濁分別性。

此標示「分別性」的章目，亦有「清淨」與「染濁」二種。向下各釋。

△癸二各釋。分二：子一釋清淨分別性。

所言清淨分別性者，卽彼清淨依他性法中，所有利他之德，對彼內證無分別智故，悉名分別。所謂一切種智，能知世諦種種差別；乃至一切衆生心心數法，無不盡知；及以示現五通三輪之相，應化六道四生之形；乃至依於內證之慧，起彼敎用之智，說己所得，示於未聞；如斯等事，悉名清淨分別性法。此義云何？謂雖起無邊之事，而復畢竟不爲世染，不作功用，自然成辦，故言清淨。卽此清淨之覺，隨境異用，故言分別。又復對緣攝化，令他清淨；攝益之德，爲他分別，故言清淨分別性也。

初句標目。以下三番釋義：㈠出法體：清淨依他性法中，所有的利他之德，隨機萬差；

對內證的無分別智，名相泯絕而言，都名為「分別」。㈡明事用：「一切種智」，即雙照空、假二諦的中道觀智。自「能知世諦」至「應化六道四生」，屬於「道種智」所緣的世間假諦。自「依於內證之慧」至「示於未聞」，屬於「一切智」所緣的出世空諦。雙照此二諦，不即二邊，不離二邊，便是一切種智。屬於假諦的「心心數法」，即八識心王及五十一種屬於心王的心所有法。「五通」，即天眼、天耳、他心、宿命、神境的五種神通。「三輪」，即身業變現的神通輪、口業說教的正教輪、意業鑒機的記心輪。佛以此三業，碾毀衆生的惑業，所以名之為「輪」。「六道四生」，如前「性染性淨」文中已釋。屬於空諦的「依於內證之慧，起彼教用之智」，即施教所用的權智，乃依於內證的實智而起。餘義可知。如此世、出世間的施化等事，都名為「清淨分別性法」。㈢「此義云何」下，雙釋名義：⑴就應以釋，謂：「雖起無邊之事，而畢竟不為世塵所染，不借功用，自然成辦，所以名為『清淨』；即此清淨的平等覺性，隨境異用，所以名為『分別』。」⑵就機以釋，謂：「對攝化的機緣而論，為令他清淨；約攝益之德而言，是為他分別。」末句總結「故言清淨分別性也」。

△子二釋染濁分別性。

所言染濁分別性法者，即彼染濁依他性中虛狀法內，有於似色似識似塵等法。何故皆名為似？以皆一心依熏所現故，但是心相，似法非實，故名為似。由此似識一念起現之時，即與似塵俱起；故當起之時，即不知似塵似色等，是心所作，虛相無實；以不知故，即妄分別，執虛為實；以妄執故，境從心轉，皆成實事，即是今時凡夫所見之事。如此執時，即念念熏心，還成依他性；於上還執，復成分別性。如是念念虛妄，互相生也。問曰：『分別之性，與依他性，既迭互相生，竟有何別？』答曰：『依他性法者，心性依熏故起，但是心相，體虛無實。分別性法者，以無明故，不知依他之法是虛，即妄執以為實事，是故雖無異體相生，而虛實有殊，故言分別性法也。』

初句標目。以下釋義：先出法體：什麼是「染濁分別性法」？就是於「染濁依他性」中，對似色、似識、似塵的虛狀等法，妄執為實者，便是。（此似色等義，前在「辨智慧佛性」文中已釋，可互相參看。）次釋「似」義：色塵等法，何故都名為「似」？因其都是一心依熏力變現的，但是虛相，似有非有，並非實法，所以都名為「似」。再次釋分別義：因為根、境、識三法，猶如束蘆，是俱時相依而起的；所以當似識一念與根、境的似色、似塵俱起時，便不知彼等是唯心所作，虛而無實；於是起心分別，執為實有，以致境隨心轉，就不覺成為凡夫所見的實事了。再次明二性相生：如此妄執之時，即念念熏心，心依熏力變現虛狀，流轉生死，就成為「依他性」了；於上虛狀，還執為實，就又成為「分別性」了。如此念念虛妄，由分別而依他；依他而分別，展轉相生，何時是了！

最後設問答以簡別二性。問：『分別與依他二性，既是迭互相生，有何差別？』答謂：『依他性法，是指心性依熏所現之相，體虛無實而言的。分別性法，是指無明不了依他之法是虛，妄執爲實而言的。此二性，雖無異體相生，而一個是虛相；一個是執實，卻自有殊別，所以就名執實的妄情爲「分別性法」了。』

△辛二合辨。分三：壬一約一心辨。

更有一義以明三性：就心體平等，名眞實性。心體爲染淨所繫，依隨染淨二法，名依他性。所現虛相果報，名分別性。

此約一心合辨三性，較前總明、別明之義，更深一層，故曰：「更有一義」。今約心體聖凡平等，名「眞實性」。即該攝前總明中的出障淨德，及別明中的有垢無垢之義盡。今約心體爲染淨所繫，依隨染淨二法，名「依他性」。即該攝前總明中的眞妄和合，及別明中的依熏顯現之義盡。今約心體依染淨熏力所現的虛相果報，名「分別性」。即該攝前總明中的妄想分別，及別明中的對緣施化，與執虛爲實之義盡。

前總明三性，是略示聖凡差別，爲所觀之境；別明三性，是詳示聖凡差別之由，爲觀境法要；今約一心合辨三性，是盡收差別，總歸於心體平等的眞如實性。此大師曲授定心觀境的淺深次第，其婆心之痛切如是。

△壬二約依他辨。

又復更有一義。就依他性中，卽分別爲三性：一者淨分，謂在障之眞，卽名眞實性。二者不淨分，謂染法習氣種子，及虛相果報，卽是分別性。二性和合無二，卽是依他性也。

前在總明三性裏說：『在障之眞，與染和合，名阿賴耶識，卽是「依他性」。』今就此依他性中，分爲三性：一是屬於淨分的在障之眞，名「眞實性」。二是屬於染分的習氣種子，及所生的虛相果報，名「分別性」。三是染淨和合，二性不二，名「依他性」。此從染淨和合的「依他性」中，剖出三性；使一切凡夫，自知眞如在障，應卽出離，轉凡成聖；否則，流轉生死，終無了期。此卽所謂：「又復更有一義」的深旨。

△壬三釋六識疑。

問曰：『似識妄分別時，爲是意識總能分別六塵，爲六識各各自分別一塵？』答曰：『五識見塵時，各與意識俱時而起，如眼識見似色時，卽是一意識俱時分別妄執也。餘識亦如是。是故意識總能分別妄執六塵，五識但能得五塵，不生分別妄執。

問曰：『妄執五塵爲實者，爲是五意識？爲是第六意識？』答曰：『大乘中不明五意識與第六別，但能分別者，悉名意識。』

兩番問答，都因大小乘家對意識緣境的主張不同而起。小乘妄計有二種意識：一爲五意識，緣現前五塵；二爲第六意識，緣事過境遷，緣念猶存的落謝法塵。大乘但立同時意識，無論緣現前五塵，及落謝法塵，都名爲意識，不分五、六。

初問：『當似識緣境，妄執分別時；是一意識總能分別六塵呢，還是六識各自分別一塵？』答謂：『五識緣塵時，各與意識同時俱起，例如：眼識但能見色，而分別青、紅、皂、白，妄執好、醜者，則是與眼識俱起的意識。以此例推其餘的耳、鼻、舌、身等識，也是這樣的。因此之故，意識總能分別妄執六塵，五識則否！他們只能緣得塵境，而不能生起分別妄執。』

次問：『妄執五塵虛相爲實者，是誰？是五意識呢？還是第六意識？』答謂：『大乘法中，沒有五意識與第六意識的分別。只要是能分別妄執的，都名爲意識。』

今於止觀所觀境界，特表能觀的意識功能，既能分別妄執，而作生死；當然也能轉無塵智，而作涅槃。生死、涅槃繫於一念，至堪驚惕！

△己三總結。

上來是明第二止觀所觀境界竟。

以上明第二大科止觀境界，至此已告終結。

△戊三明止觀體狀。分三：己一總標。

次明第三止觀體狀。就中復有二番明義：一就染濁三性，以明止觀體狀。二就清淨三性，以明止觀體狀。

前來第一大科明止觀依止；第二大科明止觀境界；都屬理解。今第三大科明止觀體狀，正示行門。「體狀」就是相貌。就此止觀體狀中，復總標二門：一爲「染濁三性」。二爲「清淨三性」。向下次第別解。

△己二別解。分二：庚一約染濁三性。分三：辛一分科。

初就染濁三性中，復作三門分別：一依分別性以明。二約依他性以顯。三對眞實性以示。

初就染濁三性中，再分爲三門。前明止觀境界，順乎迷眞起妄之便，而以眞實、依他、分別爲次第。今明止觀體狀。順乎返妄歸眞之便，而以分別、依他、眞實爲次第。此爲循流溯源，認路還家的一定里程。

△辛二各釋。分三：壬一約分別性。分二：癸一從觀入止。分二：子一明觀。

對分別性以明止觀體狀者，先從觀入止。所言觀者，當觀五陰及外六塵，隨一一法，悉作是念：我今所見此法，謂爲實有形質堅礙，本來如是者；但是意識有果時無明故，不知此法是虛；以不知法是虛故，即起妄想，執以爲實；是故今時意裏，確然將作實事。復當念言：無始以來，由執實故，於一切境界起貪瞋癡，造種種業，招生感死，莫能自出。作此解者，即名觀門。

止觀不二，修觀卽所以入止。若但觀而不入於止，便是盲修；但止而不從觀入，亦是暗證，故曰：「從觀入止」。此爲總標章目。向下別明觀門分三：㈠「當觀」下，示所觀境：五陰六塵，該色心諸法，事雖萬差，理無二殊，只要任取一法以爲觀境，究其一，徧知其餘，故曰：「隨一一法」。㈡「悉作」下，正示二種觀法：⑴觀執實。謂：「我今所見此五陰六塵之法，本非實有，而竟認爲本來就是實有堅礙的形質者；都因意識裏有迷境的果時無明，不知此法是緣生幻有的虛相，隨起妄想分別，執以爲實；所以無始至今的意識裏，就確然認爲實有其事了。」⑵觀因果。謂：「吾人自無始以來，爲執實故，於一切順境起貪；逆境起瞋；不順不逆的中庸境起癡，因而造業受報，流轉生死，莫能出離。」㈢「作此」下結成觀門：據以上所明，意識有執實之過；也有起觀之功，迷悟只在一轉念間。能夠作此理解，轉迷爲悟的，就叫做「觀門」。

△子二明止。

作此觀已，復作此念：我今既知由無明妄想，非實謂實，故流轉生死，今復云何，仍欲信此癡妄之心？是故違之。强觀諸法唯是心相，虛狀無實，猶如小兒愛鏡中像，謂是實人；然此鏡像，體性無實，但由小兒心自謂實，謂實之時，卽無實也。我今亦爾，以迷妄故，非實謂實。設使意裏確然執爲實時，卽是無實，猶如想心所見境界，無有實事也。復當觀此能觀之心，亦無實念，但以癡妄，謂有實念，道理卽無實也。如是次第，以後念破前念。猶如夢中所有憶念思量之心，無有實念也。作此解故，執心止息，卽名從觀入止也。

初句結前，次句起後，向下正明修止。修止必從觀入，卽是以智斷惑，心境自寂，與小乘的灰斷不同。所以當文初自追念前觀，以違癡妄；次復强觀諸法唯心，以破實有境執；次復觀心亦無實念，以破實有心執；終至執心止息，方名「從觀入止」。這與楞嚴會上，阿難引佛昔教「由心生故，種種法生；由法生故，種種心生。」的心境雙遣之義正同。

「我今」句下追念前觀：既知由無明妄想，執非實謂實，故而起惑造業，流轉生死。「

今復云何」句下，自責：「既知執實之心，是無明癡妄，云何仍欲信此癡妄之心，而執迷不悟？」以此自責，來策勵止行，就違離癡妄了，故曰：「是故違之」。

「强觀」句下破實有境執：行人勉力策修，叫做「强觀」。依大乘圓旨，强觀諸法，唯是一心依熏所現之相，當體卽空，故曰：「虛狀無實」。這與小乘不了唯心，滅然後空的「但空」不同。「猶如小兒」句下擧喻：「小兒愛鏡中像，謂是實人。」此喻迷人無明妄想，執心相謂為實境。「鏡像體性無實，小兒心自謂實。」此喻心相本無實體，不過迷人妄想，執以為實罷了。「謂實之時，卽無實。」此喻執實之時，當體卽空，不待滅而後空。「我今」句下法合：以「迷妄」合上「愛」喻。「非實謂實」合上「鏡像無實，小兒心自謂實。」如是法喻合明，便知意裏確然執為實時，猶如想心所見境界，並非實事。既知非實，那執有實境的妄想，不是就止息了嗎？

「復當」句下破實有心執：不但觀諸法無實，卽此能觀之心，也是由方便觀法而起，那復有實？故曰：「復當觀此能觀之心，亦無實念。」此以道理而論，若謂心有實念，那就成為不明道理的癡妄了。「如是」句下明進修層次：先觀諸法無實，以破實有境執；後觀念亦無實，以破實有心執。故曰：「如是次第，以後念破前念。」作此觀解，好像大醒之人，觀夢中所有思量之心，都無實念；執心怎能不止？所以結曰：「作此解故，執心止息，卽名從觀入止。」

△癸二從止復觀。

復以知諸法無實故，反觀本自謂為實時，但是無明妄想。卽名從止起觀。若從此止，徑入依他性觀者，卽名從止入觀。

為顯寂照同時，止觀不二的圓宗妙旨；故前明從觀入止，今明從止復觀。復觀有二：初約一性，從分別止，起分別觀：就是在既知諸法無實，執心止息之後，再回頭轉腦，反觀前執實時之心，唯是無明妄想，幸今止息。這叫做「從止起觀」。次約二性，從分別止，入依他觀：就是執心方止，從此更進一層，直入依他性觀。這叫做「從止入觀」。

△壬二約依他性。分二：癸一從觀入止。分二：子一明觀。

次明依他性中止觀體狀者，亦先從觀入止。所言觀者，謂因前分別性中止行，知法無實故，此中卽解一切五陰六塵，隨一一法，悉皆心作，但有虛相，猶如想心所見，似有境界，其體是虛。作此解者，卽名為觀。

依他性中的止觀體狀，是先從觀門入止的。這裡所謂的「觀」，就是將前分別性中的止行所明「諸法唯是心相，虛狀無實」之義，再作更深一層的推究。五陰六塵等法，都是如來藏性隨緣所作的虛相，故曰：「悉皆心作，但有虛相」又喻之謂：「如想心所見，似有境界，其體是虛。」前分別性中的止行，但破實執，了心虛相；今則爲解虛相，更深究一性。故曰：作此解者，卽名爲觀。」

△子二明止。

作此觀已，復作是念：此等虛法，但以無明妄想，妄業熏心故，心似所熏之法顯現。猶如熱病因緣。眼中自現空華。然此華體相，有卽非有，不生不滅。我今所見虛法，亦復如是，唯一心所現，有卽非有，本自無生，今卽無滅。如是緣心遣心，知相本無故，虛相之執卽滅，卽名從觀入止。

初句結前，次句起後。向下先追念前觀：此五陰六塵等的虛法，非他；但是一心由無明妄想的業緣所熏故，似有虛法顯現而已。深究此觀，雖由知法是虛，而破實執；然猶未了卽相是性，而執有虛相。次正明修止：「猶如」下設喩：「熱病因緣」喩無明妄緣。「眼」喩一心。「空華」喩虛相。「有卽非有」喩虛相止息。「不生不滅」喩息二邊分別止。「我今」下法合：「虛法」與「空華」喩合。「一心」與「眼」喩合。餘合例此，對勘自知。「如是」下結成：緣上觀唯心之旨，以遣除執虛相之心；便由了知唯是一心，相本無生之故，那虛相的執心，就息滅了。這就叫做「從觀入止」。

△癸二從止復觀。

既知諸法有卽非有，而復知不妨非有而有，似有顯現。卽名從止起觀。若從此止行，徑入眞實性觀者，此卽名從止入觀也。

既知諸法有卽非有，幻有不礙眞空的「止」義。何妨作非有而有，眞空不礙幻有的「觀」境。此觀由止行復起，所以名爲「從止起觀」。若從此依他性的止行，再進一步，直捷徑入眞實性觀。這就名爲「從止入觀」了。

△壬三約眞實性。分四：癸一從觀入止，明無性性。

次明第三眞實性中止觀體狀者，亦先從觀入止。所言觀者；因前依他性中止行，知一切法有卽非有故，所以此中卽知一切法本來唯心，心外無法。復作是念：既言心外無法，唯有一心；此心之相，何者是也？爲無前二性故，卽將此無以爲心耶？爲異彼無外，別有淨心耶？作此念時，卽名爲觀。卽復念言：無是無法，對有而生；有尚本來不有，何有無法以爲淨心？又復無法爲四句攝，淨心卽離四句，何得以此無法爲淨心也？作此念時，執無之心卽滅，則名爲止。

此第三眞實性裏的止觀體狀，也是先從觀入止的。「所言」下明觀：這裏所謂的「觀」，就是由前依他性的止行中了知「一切法有卽非有」之義，爲「本來唯心，心外無法。」再就此義作更進一步的窮究：這「心外無法，唯有一心」的心相，是什麼？前分別性中遣無實執；依他性中遣無虛執；是將此二「無」爲淨心呢？還是異於彼「無」之外，別有淨心？如此窮究，就叫做「觀」。

「卽復」下明止：本來分別、依他二性的妄執既空，便是眞實，爭奈又執此二「無」爲心，反落妄空。所以還得再進一步窮究此「無」，直到無「無」爲止。「無」是無法，與「有」法相對爲緣而生；既是緣生，則有無如幻，二俱本空，故曰：「有尚本來不有，何有無法以爲淨心？」「又復」下更緊逼窮究：「無」法爲「有而非無、無而非有、亦有亦無、非有非無」的四句所攝。淨心絕待，離彼四句，何得以此「無」法以爲淨心？如此窮究到底，結果無「無」可執。此二性的「無」執既空，則眞實性顯，便是「無性性」。作此觀念時，那執無之心就息滅了。是則名之爲「止」。

△癸二從觀入止，明無眞性。

又從此止更入觀門，觀於淨心，作如是念：二性之無既非是心者，更有何法以爲淨心？又復此心爲可見耶？爲不可見耶？爲可念耶？爲不可念耶？作此分別時，卽名爲觀。卽復念言：心外無法，何有能見此心者？何有能念此心者？若更緣念此心，卽成境界；卽有能緣所緣；卽是心外有智，能觀此心，何名爲如？又復我覓心之心，體唯是淨心，何有異法，可緣可念也？但以妄想習氣故，自生分別，分別之相，有卽非有，體唯淨心。又復設使分別，卽知正是淨心分別也。喻如眼見空華，聞言華是眼作，有卽非有，唯有自眼；聞此語已，知華本無，不著於華，反更開眼，自覓己眼，竟不能見；復謂種種眼根，是己家眼。何以故？以不知能覓之眼，卽是所覓眼故。若能知華本無，眼外無法，唯有自眼，不須更覓於眼者，卽不以眼覓眼。行者亦爾，聞言心外無法，唯有一心故，卽使不念外法，但以妄想習氣故，更生分別，覓於淨心。是故當知，能覓淨心者，卽是淨心；設使應生分別，亦卽是淨心；而淨心之體，常無分別。作此解者，名爲隨順眞如，亦得名爲止門。

此番從觀入止，也是先明觀，次明止的。今先明觀：此中觀門，是爲前止行中的「無」執雖滅，並非到家，尚須更加深入，窮究心性而開的。故曰：「又從此止更入觀門，觀於淨心。」此爲標示觀門。「作如」下正明觀法有二：初觀二性異執謂：「分別、依他二性之無，旣非淨心；那末，異此『無』外，更有何法以爲淨心呢？」次觀見念謂：「此異『無』而別有的淨心，是可見可念呢？還是不可見不可念？」作此層層分別時，就叫做「觀」。

「卽復」下明止。分法、喻、合、結四段：第一段法說有三：⑴心體本寂：心體本來寂滅，一切唯心，心外無法，那有能見此心，能念此心的紛動呢？旣無能見、能念，那有可見、可念？(2)「若更」下僞執成異：淨心絕待，境智一如；若更有緣念此心者，則是僞執此心爲所緣之境，心外有能緣之智了。這樣能所相待，境智成異，何得名之爲「如」？(3)「又復」下卽僞息異：既無能所，可知覓取淨心之心的當體，唯是淨心，那有異法爲可緣可念？不過以妄想習氣故，不覺自生分別罷了。而此分別的妄相，有卽非有，唯是淨心，並非異法。所謂又復，既分別之相，體是淨心；那末，不分別則已，設使分別，便知是淨心自作分別。所謂「自心取自心，非幻成幻法。」據此可知心淨與否？就在執異的妄想分別，止與不止的關鍵了。

第二段「喩如」下擧喩亦三：(1)喩心體本寂：以「眼」喩淨心。「華」喩諸法。「眼見空華」卽淨心體寂，不念諸法。良以聞言「一切法唯是心作，有卽非有。」便知諸法本空，就不著於法而執爲實有了。(2)「反更」下喩僞執成異：雖不著於外法，反更以心覓心，隨執心外別有異法，謂是自心。這都爲不知能覓淨心的心，就是所覓的淨心之故。(3)「若能」下喩卽僞息異：若能了知諸法本空，心外無法，唯有自心，不須更覓；則異執自息，就不會以心覓心了。

第三段「行者」下法合亦三：(1)合心體本寂：「心外無法，唯有一心。」此合心體。「不念外法」此合本寂。(2)「但以」下合僞執成異：以妄想習氣故，不了能所一如；於是更生分別，覓取淨心，隨成異法。(3)「是故」下合卽僞息異：當知能覓淨心者，卽是淨心；設使為研理而應生分別者，亦卽是淨心；都非心外別有異法。然而，心體本寂，常無分別；那又何必更覓淨心，及但分別性相，說有說空，頭頭是道，而不銷歸自性呢？

第四段「作此」下總結：作此解者，依心體本寂，常無分別的如理起修，叫做「隨順眞如」。今止異執，明卽妄是眞，別無眞性，與前止執「無」，明無性性不同，故曰：「亦得名為止門」。

△癸三從止起觀，明根本眞如三昧。

久久修習，無明妄想習氣盡故，念卽自息，名證眞如。亦無異法來證，但如息波入水。卽名此眞如，為大寂靜止門。復以發心已來觀門方便，及以悲願熏習力故，卽於定中，興起大用，或從定起若念、若見、若心、若境，種種差別，卽是眞如用義也。此名從止起觀。

自圓初住位的「隨順眞如」，漸修漸進，漸破無明，歷盡四十一階至「等覺」位，故曰「久久修習」。再進而至「妙覺」果位，無明妄想的習氣永盡，念卽自止，叫做「證眞如」。這並不是有個能證的異法，來證此所證的眞如；但如無明風息，卽妄想之波，便是眞如理水。所以就名此眞如為「大寂靜止門」了。

自發心以來，卽以觀門為方便，大悲願力為熏因。故今起觀，還得藉此觀門的方便，及悲願的熏習之力。「即於定中，興起大用。」——就是於「大寂靜」中，興起了清淨依他性法，所現的「三身、淨土」一切自利利他之德。「或從定起：若念、若見、若心、若境，種種差別。」——此念等四法，前三爲智，後一爲境，境智歷別，故曰「種種」。即清淨分別性中所謂：「一切種智，能知世諦種種差別，乃至示現五通、三輪，應化六通、四生。」等的利他之德。此等德用，起於眞如理體，故曰「即是眞如用義」。攝用歸體，即是「根本眞如三昧」。從體起用，名爲「從止起觀」。

△癸四止觀雙行，明雙現前。

又復熾然分別，而常體寂。雖常體寂，而即緣起分別。此名止觀雙行。

「常體寂」，就是止門。「緣起分別」，就是觀門。初二句，明雖觀猶止；次二句，明即止而觀；四句合明，止觀二門，並行不悖，名爲「止觀雙行」即雙現前。上來爲言說方便，就三性淺深次第以明止觀；實則行無先後，止觀同時。故宗圓記謂：「一性三諦，不前不後，寂照同修，體用俱證。」靈峯大師亦謂，自「理即」到「究竟即」的六即位，無非止觀雙行。

△辛三通簡。分三：壬一正簡，分四：癸一簡止觀功能。

上來三番明止觀二門。當知觀門，即能成立三性緣起爲有。止門，即能除滅三性，

得入三無性。入三無性者，謂除分別性，入無相性；除依他性，入無生性；除眞實性，入無性性。

觀能成立三性緣起的有門爲照。止能除滅三性，入三無性的空門爲寂。這就是簡示上來三番所明止觀二門的功能。現在把他依次列出：

先簡示觀門能成立三性緣起：(1)分別性緣起——觀五陰六塵等法本虛，但是妄想分別執以爲實，本來非有。這就成立了分別性的緣起。(2)依他性緣起——觀五陰六塵等法，都是依唯心所作的因緣，假合而成，其體非實。這就成立了依他性的緣起。(3)眞實性緣起——觀一切法，本來非有，唯一淨心，心外無法。這就成立了眞實性的緣起。這三性緣起的有門，就是眞空不空的妙有。

次簡示止門能除滅三性，入三無性：(1)除分別性入無相性——强觀諸法唯心，虛相無實；復觀此能觀之心，亦無實念。如此，執實爲性的分別心滅，就證入虛相無實的無相性了。(2)除依他性，入無生性——觀依他性的虛法，唯心所現，有卽非有，無生無滅。這樣就除滅了執虛的依他性，而證入無生性了。(3)除眞實性，入無性性——觀淨心圓離四句，旣非有、無；亦非可緣可念；就除滅了別有眞實性的執心，而證入無性性了。這除滅三性的空門，就是妙有不有的眞空。

△癸二簡四重深義。

就眞實性中，所以有四番明止觀者。但此窮深之處，微妙難知。是故前示妄空非實，除妄空以明止，卽是無性性。次一顯卽僞是眞，息異執以辨寂，卽是無眞性。是故無性性，或名無無性，或云無眞性也。第三一重止觀者，卽是根本眞如三昧。最後第四一重止觀者，卽是雙現前也。

窮研性理，到離四句，絕百非，不可念，不可緣的幽微深妙之處，極難了知；所以才就眞實性中，不憚其煩的作四番明止觀深義：

第一番明止文中有云：「何有『無』法以爲淨心?」就是示執無的妄空非實。又云：「執無之心卽滅，則名爲止。」就是除妄空以明止。這眞實性裡，執無的妄空旣除，便是無性性。

第二番文云：「覓心之心，體唯是淨心。」就是顯示卽僞是眞，更無異法。所以又云：「何有異法，可緣可念?」就是息異執以辨寂。此卽僞是眞，別無異眞，就叫做無眞性。由於遣情執的不同，所以無性性的法體雖一，而又有：無無性、無眞性的別名建立。

第三番文云：「卽名此眞如，爲大寂靜止門。」就是根本眞如三昧。

第四番明止觀雙行，就是雙現前。

△癸三簡修有次第。

又復行者，若利機深識，則不須從第一分別性修，但徑依第二依他性修。此依他性，亦得名分別性。以具有二性義也。若不能如是者，即須次第從第一性修。然後依第二性修，依次而進也。終不得越前二性，徑依第三性修也。又復雖是初行，不妨念念之中，三番並學，資成第三番也。

上來明止觀雙行，不次第修。今復按根機利鈍，知識深淺，示以止觀雙行的次第等級，可謂契機契理。此南嶽大師的悲愍深心，殊堪尊仰。

利機深識的行者，他們的垢障較輕，不必從第一分別性修，徑依第二的依他性修，即可。既論次第，何得獵等，超越第一？因依他性中，具有分別性義，亦得名爲分別性；如前約依他辨三性文中，說「虛相果報，即是分別。」雖超第一，猶如不超。

倘非利機深識，不能徑依第二性修者；那就必須依次而進，先從第一性修，除其實執；然後再依第二性修，除其執虛。但無論機怎樣利，識怎樣深，終不得超前二性，徑依第三的眞實性修。良以三性一體，因執成異；執則全眞即妄；不執則全妄即眞。並非離二性外，別有眞實。若超越二性，徑依第三，那就等於波外覓水，本爲覓眞，反成妄念了。

又復，雖次第修，不妨於初行時，觀達分別無性，即入依他；觀達依他無性，即證眞實。如此念念之中，三番並學，以第一番分別，第二番依他，資成第三番的眞實。

△癸四簡妄執須除。

問：『旣言眞實性法，有何可除？若可除者，卽非眞實。』答曰：『執二無以爲眞實性者，卽須除之，故曰無無性。妄智分別淨心，謂爲可觀者，亦須息此分別異相，示其無別眞實性可得分別，故言無眞性。但除此等於眞性上橫執之眞，非謂除滅眞如之體。』

上來簡止觀功能中說：「除眞實性，入無性性。」聞者不達，致有「旣言眞實性法，有何可除？若可除者，卽非眞實。」的疑問。大師慈悲，特爲簡示如下：

於分別性中，除滅實執之外，別執無實之「無」爲眞實性；依他性中，除滅虛執之外，別執無虛之「無」爲眞實性。這橫執二無所謂的眞實性，必須除滅，方顯眞實。故名此眞實性爲「無無性」。

淨心無相，心外無法，非可緣念，若以妄智分別淨心，謂爲可觀；那便是異於淨心之外的分別妄相。此分別妄相，亦須息滅，以示淨心之外，無別眞性可得分別。所以又名此淨心爲「無眞性」。

當知所問「有何可除」是但除此等於眞實性上，橫逆悖理所執之眞；並非除滅眞如之體。

△壬二約幻喩。分三：癸一標章。

復更有譬喩，能顯三性止觀二門。今當說之。

止觀二門雖深微難曉，然譬喩能顯，故正簡既竟，今當說譬，以曉迷萌。

△癸二正說。分三：子一喩三性觀門。

譬如手巾，本來無兎。眞實性法，亦復如是，唯一淨心，自性離相也。加以幻力，巾似兎現。依他性法，亦復如是，妄熏眞性，現六道相也。愚小無知，謂兎爲實，分別性法，亦復如是，意識迷妄，執虛爲實。是故經言：一切法如幻。此喩三性觀門也。

此以巾爲性，以兎爲相，喩三性觀門：(1)喩眞實性：眞實性法，爲唯一淨心，自性本空，離一切相；彷彿像巾本無兎似的。故以之爲喩曰：「亦復如是」。(2)喩依他性：依他性法，爲妄緣熏於眞性，而現六道虛相；彷彿於本無兎相的巾上，施以幻術變化之力，使巾似兎現一樣。故以之爲喩曰：「亦復如是」。(3)喩分別性：分別性法，爲意識迷惑，妄執虛相爲實；好像愚昧無知的小兒，妄謂幻兎是實。故以之爲喩曰：「亦復如是」。

據如來藏經上說：「一切法如幻」故今以如幻觀一切法：觀眞性離相如巾、依他幻有如兎、分別執實如小兒無知。故結曰：「此喻三性觀門」。

△子二喻三無性止門。

若知此兎，依巾似有，唯虛無實。無相性智，亦復如是，能知諸法依心似有，唯是虛狀，無實相性也。若知虛兎之相，唯是手巾，巾上之兎，有卽非有，本來不生。無生性智，亦復如是，能知虛相唯是眞心，心所現相，有卽非有，自性無生也。若知手巾本來是有，不將無兎以爲手巾。無性性智，亦復如是，能知淨心本性自有，不以二性之無爲眞實性。此卽喻三無性止門也。

此喻三無性止門：⑴喻無相性：無相性智，能知諸法依心似有，唯是虛相，並無分別所執之實，故曰：「無實相性」。是義難曉，故以「此兎依巾似有，唯虛無實」爲喻。⑵喻無生性：無生性智，能知虛相唯是眞心所現，有卽非有，眞如自性，本無生滅，故曰：「自性無生」。是義難曉，故以「虛兎之相，唯是手巾，巾上之兎，有卽非有」爲喻。⑶喻無性性：無性性智，能知淨心自性本有，不執分別、依他二性之「無」爲眞實性。是義難曉，故以「手巾本有，不將無兎以爲手巾。」爲喻。

此以三無性智，觀三性依心緣起，除其執情，便是三無性的止門。是義幽微，故設幻喻以曉未悟。所以結曰：「此卽喻三無性止門也」。

△子三止觀合辨。

是故若欲捨離世諦，當修止門，入三無性。若欲不壞緣起，建立世諦，當修觀門，解知三性。若不修觀門，即不知世諦所以緣起。若不修止門，即不知眞諦所以常寂。若不修觀門，便不知眞即是俗。若不修止門，即不知俗即是眞。以是義故，須依幻喩，通達三性三無性。

此止觀合辨，義有三重：初一重約當修以誡不修：非修止門，不能入三無性；非入三無性，不能捨棄世諦而自度。故曰「當修止門」。是爲大智。非修觀門，不能解知三性；非解知三性，不能不壞緣起，建立世諦而度他。故曰「當修觀門」。是爲大悲。此悲智雙運，自度度他，怎可不修？

次二重約不修以勸當修：⑴若不修觀門，便不知三性唯一心作，爲世諦緣起之所以；既不知世諦之所以緣起，怎能不住涅槃以利他？若不修止門，便不知除滅三性的情執，爲證入眞諦常寂之所以；既不知眞諦之所以常寂，怎能不住生死以自利？因爲不修止觀有此二失，所以當修。⑵若不修觀門，則不但不知俗諦，且亦不知眞即是俗；既不知眞即是俗，怎能不變隨緣，理不礙事？若不修止門，則不但不知眞諦，且亦不知俗即是眞；既不知俗即是眞，怎能隨緣不變，事不礙理？因爲不修止觀更有此二失，所以當修。

由於這解知三性入三無性的義深難明，所以必須依幻喻，才能通達曉了。

△癸三例結。

如幻喻能通達三性三無性。其餘夢、化、影、像、水月、陽燄、乾城、餓鬼等喻，但是依實起虛，執虛爲實者，悉喻三性，類以可知。若直以此等諸喻依實起虛故，偏喻依他性，亦得也。但虛體是實，卽可喻眞實性。虛隨執轉，卽可喻分別性。是故此等諸喻，通譬三性。解此喻法次第無相，卽可喻三無性也。

此例推餘法，以終結幻喻。文分爲三：初約幻喻以例其餘：除如上幻喻能通達三性三無性外，其餘如：夢中之事、化現之境、光射之影、鏡中之像、水月、陽燄、海市蜃樓的乾闥婆城、疑樹杌以爲餓鬼，凡屬此等依實起虛，執虛爲實之法，都可以譬喻三性。以幻喻爲例，類推可知。如以所依之實，喻眞實性；所起之虛，喻依他性；執虛爲實，喻分別性。

次約諸喻偏喻依他，通喻三性：若直以此夢等諸喻的依實起虛之義（如依心成夢），偏喻依他性，亦得。但此虛體是實（如夢心之體，原是覺心），卽可喻眞實性。虛隨執轉（如夢中之事，隨着夢中之人的妄執，而轉爲妄境），卽可喻分別性。

再次結示喻三無性：解得此等諸喻通譬三性之法，次第無相，就可以喻三無性了。次第無相，卽：先除分別性的執實，入無相性，就是「無相相」。次除依他性的執虛，入無生性，就是「無生相」。再次除眞實性上的執無之眞，入無性性，就是「無性相」。

壬三約夢喻。

又更分別夢喻，以顯三性三無性。譬如凡夫慣習諸法故，卽於夢中心現諸法。依他性法，亦復如是：由無始已來果時無明，及以妄想，熏習眞實性故；眞心依熏，現於虛相果報也。彼夢裡人，爲睡蓋所覆故，不能自知己身他身，皆是夢心所作，卽便執爲實事。是故夢裡自他種種受用得成。分別性法，亦復如是：意識爲果時無明所迷故，不知自他，咸是眞心依熏所作，便卽妄執爲實。是故自他種種受用得成也。是以經言：是身如夢，爲虛妄見。虛者卽是依他性；妄者卽是分別性。此卽緣起三性爲觀門也。然此夢中所執爲實者，但是夢心之相，本無有實。分別性法，亦復如是：但是虛想從心所起，本來無實，卽是無相性也。又彼夢中虛相，有卽非有，唯是夢心，更無餘法。依他性法，亦復如是：自他虛相，有卽非有，唯是本識，更無餘法，卽是無生性也。又彼夢心，卽是本時覺心；但由睡眠因緣故，名爲夢心；夢心之外，無別覺心可得。眞實性法，亦復如是：平等無二，但以無明染法熏習因緣故，與染和合，名爲本識。然實本識之外，無別眞心可得，卽是無性性法。此卽

除滅三性爲止門也。以是喻故，三性三無性，卽可顯了。此明止觀體狀中，約染濁三性以明止觀體狀竟。

上文已擧夢等八喻，通譬三性三無性。今更分別夢喻，使三性三無性的深微妙理，愈易顯了。初二句標章。向下分爲三段：⑴「譬如」下喻三性。⑵「然此」下喻三無性。⑶「以是」下結成。玆依次明之如下：

初喻三性分三：⑴以凡夫慣習諸法，於夢中心現；譬喻依他性法，以無明妄想熏習眞心，心依熏現虛相果報。⑵以夢中人的心性，爲五蓋之一的「睡蓋」所覆，不知己身他身，都是夢心所作，便執以爲實；譬喻分別性法，由於意識爲無明所迷，不知自他都是眞心依熏所作，便執以爲實。⑶引淨名經云：「是身如夢，爲虛妄見」虛，就是依他。妄，就是分別。以夢覺時之心，喻眞實性，不言可知，所以這裏略而不擧。

次喻三無性分三：⑴以夢中所執之實，但是夢心之相，本無有實；譬喻分別性法，但是虛想從心而起，本來無實。⑵以夢中虛相，有卽非有，唯是夢心；譬喻依他性法，自他虛相，有卽非有，唯是本識。⑶以夢心，就是本來未睡時的覺心，因睡名夢，實則夢心之外，無別覺心；譬喻平等無二的眞實性法，由無明熏故，名爲本識，實則本識之外，無別眞心。

再次結成：以此夢喻，三性三無性的幽微深義，就可以顯了了。至此，明止觀體狀中，就染濁三性以明止觀體狀，已竟結束了。

△庚二約清淨三性。分三：辛一分科。

次明清淨三性中止觀體狀。就中亦有三番：一明分別性中止觀體狀。二明依他性中止觀體狀。三明眞實性中止觀體狀。

上來初就染濁三性中，分爲：分別性、依他性、眞實性三門，以明止觀體狀。今就清淨三性中明止觀體狀，也一樣的分爲三門，故曰「亦有三番」。前後三性理同，染淨事別，不可不辨。

△辛二各釋。分三：壬一約分別性。

第一分別性中止觀體狀者，謂知一切諸佛菩薩所有色身，及以音聲，大悲大願；依報衆具，殊形六道，變化施設；乃至金軀現滅，舍利分頒，泥木雕圖，表彰處所；及以經教威儀，住持等法，但能利益衆生者。當知皆由大悲大願之熏，及以衆生機感之力，因緣具足，熏淨心故；心性依熏，顯現斯事。是故唯是眞性緣起之能，道理卽無實也。但諸衆生有無明妄想故，曲見不虛。行者但能觀察，知此曲見執心，是無明妄想者，卽名爲觀。以知此見是迷妄故，強作心意，觀知無實，唯是自心所

作。如是知故，實執止息，卽名爲止。此是分別性中從觀入止也。

初句標章。向下，先明觀，次明止，末句結示從觀入止。今依次釋之如下：

㈠明觀，分二：(1)「謂知」下明所觀境——「色身、音聲、悲願」是佛菩薩的正報，身口意的清淨三業。「依報衆具」是佛菩薩的依報淨土，及蓮池、寶樹、樓閣等的衆妙莊嚴。「殊形六道」是現同六道的形貌殊別。「變化施設」是統上所說，無非神通變化，爲度衆生而施設。「金軀現滅」就是佛於娑羅雙樹間，示現滅度。「舍利分頒」就是佛滅度後，以三昧火化，將靈骨舍利，分給忉利天、龍宮，及十六大國，建塔供養。「泥木雕圖」就是泥塑、木雕、圖畫的各種佛像。「表彰處所」就是供養舍利佛像的塔廟；及弘揚佛法的道場。「經教」就是三藏教典。「威儀」就是嚴淨毘尼，於行住坐臥，有威德可畏，儀則可象。「住持等法」就是表彰處所，爲住持佛寶；經教，爲住持法寶；威儀，爲住持僧寶。以上自清淨三業，至住持三寶，都是利樂有情，饒益衆生的施爲。(2)「當知」下正明觀行——當知所觀之境，皆由佛菩薩的大悲大願爲因，如金剛經云：「我皆令入無餘涅槃而滅度之」。以衆生的機感爲緣，如金剛經云：「乃至一念生淨信者」。如是因緣具足，熏於淨心，心性便依熏顯現住持三寶等的一切佛事。是故，此等所觀之境，唯是眞實性的緣起，以道理而論，並無實事。如金剛經云：「所謂佛法者，卽非佛法。」又云：「如來不應以色身見」。但衆生以無明妄想，邪曲之見，執以為實，故曰「曲見不虛」。修行人但能觀察知此曲見執心，是無明妄想，那就叫做「觀」。

㈡明止：因爲了知此曲見執心，是無明妄想；更復加强作意，觀知住持三寶一切佛事，都無實法，唯是自己心性依熏緣起。既知無實，則實執止息，就叫做「止」。

㈢末句結示：「此是分別性中從觀入止」。同是分別性，但前以五陰六塵爲所觀境，故名染濁；今以住持三寶一切佛事爲所觀境，故名清淨。前染濁分別性中執五陰爲實，招感生死，故應觀知無實，止息實執而從觀入止。今清淨分別性中執三寶爲實，亦屬有漏善業，故亦應觀知無實，止息實執而從觀入止，此義不可不辨。

△壬二約依他性。

第二依他性中止觀門者。謂因前止門故，此中卽知諸佛淨德，唯心所作虛權之相也。以不無虛相緣起故，故得淨用圓顯，示酬曠劫之熏因。卽復對緣攝化故，故得澤霑細草，表起無邊之感力。斯乃淨心緣起，寂而常用者哉。作此解者，名爲觀門。依此觀門，作方便故，能知淨心所起自利利他之德，有卽非有，用而常寂。如此解者，名爲止門。此止及觀，應當雙行。前後行之亦得。

初句標章。向下先明觀，次明止，末句結示隨根修行。今依次釋之如下：

㈠明觀分二：⑴由前止入觀——因爲前分別性的止門裏，觀知無實，唯是心作；故知今依他性裏，諸佛淨德，唯是淨心權宜方便所現的虛相。⑵正明觀行——虛相緣起，非有而有，故曰「不無虛相緣起」。緣起的虛相，就是三身淨土，及一切自利利他的淨用，圓滿顯現，故曰「淨用圓顯」。淨用圓顯，爲果；曠劫以來，無漏淨業，及悲願的熏力，爲因；將果酬因，故曰「示酬曠劫之熏因」。「澤雨」是淨用的譬喻；「細草」是衆機的譬喻；以淨用對機攝化，故曰「澤雨細草」。對機攝化的淨用，起於衆機的感應之力，故曰「表起無邊之感力」。此淨用圓顯，對機攝化，無非由淨心本寂而緣起大用，故曰「寂而常用」。能够作此了解的，就叫做「觀門」。

㈡明止：觀門能知淨心緣起，故爲入止方便。依此方便，能知淨心緣起的自利利他之德，有卽非有。「有」卽是用，「非有」卽寂；故曰「用而常寂」。能够作此解悟的，就叫做「止門」。

㈢結示隨根修行：法本圓頓，根有利鈍。利根的，應當止觀雙行；鈍根的，前後次第而修，並無不可。故曰「亦得」。

△壬三約眞實性。

次明眞實性中止觀門者。謂因前止行故，卽知諸佛淨德，唯是一心，卽名爲觀。復

知諸佛淨心，是衆生淨心；衆生淨心，是諸佛淨心，無二無別。以無別故，即不心外覯佛淨心。以不心外覓佛心故，分別自滅。妄心既息，復知我心佛心，本來一如，故名為止。此名眞實性中止觀門也。

初句標章。向下先明觀，次明止，末句結成止觀二門。今依次釋之如下：

㈠明觀：由前止行中所謂「有即非有」便知諸佛淨德，唯是一心。即以此一心，為今眞實性中的觀門，故曰「即名為觀」。

㈡明止：深究此「一心」之所以為一，故曰「復知」。眞如有隨緣、不變二義。約隨緣來說，諸佛淨心，即是衆生淨心。約不變來說，衆生淨心，即是諸佛淨心。據此可知眞如法一，故曰「無二無別」。淨心既無二別，那就不向一心之外，別觀佛的淨心了。既不於心外別覓佛心，則能覓所覓、執無執異的妄想分別，自然滅除。如是妄心既息，復知我心佛心，本來平等，唯一眞如。所以名之為「止」。

㈢末句結曰：「此名眞實性中止觀門也」。

△辛三通簡。分六：壬一簡寂用之相。分二：癸一約以修顯性。

上來清淨三性中，初第一性中，從觀入止。復從此止行，入第二性中觀，復從此觀入止。復從此止，入第三性中觀，復從此觀入止。故得我心佛心，平等一如，即是

一轍入修滿足。復以大悲方便，發心以來，熏習心故，卽於定中，起用繁興，無事而不作，無相而不爲，法界大用，無障無礙。卽名出修也。用時寂，寂時用，卽是雙現前也。

此通簡淸淨三性。初簡自行入修，次簡化他出修，末句結成雙顯定慧。玆依次以明：

初簡自行入修：自第一分別性中開始起修，從觀無實，進入實執止息的止門。再從此止，進入第二依他中，虛相緣起的觀門。再從此觀，進入有卽非有的止門。再從此止，進入第三眞實性中，唯是一心的觀門。再從此觀入止，方始證得我心佛心，平等一性的眞如。此一道淸淨，入無間修，究竟圓滿，故曰「卽是一轍入修滿足」。

次簡化他出修：旣證眞如，又以大悲化他的方便，自發心以來，熏習淨心故，卽於定中，興起大用，故曰「起用繁興」。凡屬利他的事相，如示現五通三輪，應化六道四生等，無作而無所不作，無爲而無所不爲。故曰「無事而不作，無相而不爲。」此法界大用，事不礙理，理不礙事，故曰「無障無礙」。依體起用，由定起慧，所以名爲「出修」。

末句結成定慧雙顯：用時卽是寂時，不因用而礙寂。寂時卽是用時，不因寂而礙用。這就是定慧雙顯，故曰「卽是雙現前也」。

△癸二約性起修。

乃至卽時凡夫，亦得作如是寂用雙修。此義云何？謂知一切法，有卽非有，卽是用時常寂。非有而有，不無似法，卽名寂時常用。是故色卽是空，非色滅空也。

本性圓具寂用二義，同時相卽，法爾如是。故不但體證眞如，卽初發心時的因地凡夫，亦得如是寂用雙修。此義云何？一切法，無非唯心所現的似有虛相。約唯心說，有卽非有，就是用時常寂。約虛相說，不無似法顯現，非有而有，就是寂時常用。所以心經上說：『色卽是空』凡夫迷色空爲二，執色爲有，空爲非有。那知色爲因緣假合，非有而有；當體卽空，有卽非有。並非色滅，然後方空，故曰「非色滅空也」。這樣色空相卽，豈非寂用同時，稱性起修，全修在性嗎？

△壬二簡生佛之名。

問曰：『旣言佛心衆生心，無二無別，云何說有佛與衆生之異名？』答曰：『心體是同，復有無障礙別性；以有別性故，得受無始已來我執熏習；以有熏力別故，心性依熏現有別相；以約此我執之相，故說佛與衆生二名之異也。』

此問由前眞實性中止門所謂「我心佛心，本來一如」而起。答中以「心體是同」的性理，辨佛心衆生心，無二無別。以「無障礙別性」的情執，說有佛生二名之異。性具染淨二性，染性即是淨性；淨性即是染性，二性融通，故名「無障礙」。雖性無障礙，却能隨染淨緣，而起染淨事相之別，故名「無障礙別性」。以此別性，受無始已來我執的熏習；性依熏力，顯現別相，所以才說有佛與衆生的二種異名。

△壬三簡同異之義。

問曰：『諸佛既離我執，云何得有十方三世佛別也？』答曰：『若離我執，證得心體平等之時，實無十方三世之異。但本在因地未離執時，各別發願，各修淨土，各化衆生，如是等業，差別不同，熏於淨心，心性依別熏之力，故現此十方三世諸佛依正二報相別，非謂眞如之體，有此差別之相。以是義故，一切諸佛，常同常別，古今法爾。是故經言：「文殊法常爾，法王唯一法，一切無礙人，一道出生死。一切諸佛身，唯是一法身。」此即同異雙論。若一向唯同無別者，何故經言一切諸佛身，一切無礙人。若一向唯別不同者，何故經言唯是一法身，一道出生死。以是義故，眞心雖復平等，而復具有差別之性。若解明鏡一質，即具衆像之性者，則不迷法界法門。』

此問緊躡上文而起。上文言，心性依我執的熏力，現有別相；然則諸佛既離我執，如何有十方三世之別？答中分爲：正簡同異、引證、結成，三段以明。

㈠正簡同異：十方三世，因執成異；若離我執，證得心體平等時，大圓覺的性海裏，一切諸佛，唯一法身，那有十方三世之異？但本在因地未離執時，所發之願、所修淨土、所化衆生，各各不同；以此等業，熏於淨心，心依熏力，便有十方三世諸佛依正二報的差別相現，並非眞如性體，有此差別。所以一切諸佛，法身常同，應化常別，乃古今法爾自然之理。

㈡引證：「是故」下引華嚴經偈，以證同異：『文殊法常爾，法王唯一法，一切無礙人，一道出生死；一切諸佛身，唯是一法身。』這六句偈，是賢首菩薩答覆文殊菩薩的話（出華嚴經卷第五明難品）故首稱文殊。「法常爾」指偈中同異之法而言常是如此。佛爲法王，法王之法，唯一常同常別，更無他法，故曰「法王唯一法」。佛已出障，自在無礙，故稱「無礙人」。出生死，唯有一道，所謂『十方薄迦梵，一路涅槃門』故曰「一道出生死」。「一切無礙人」及「一切諸佛身」卽是常異之論；「一道出生死」及「唯是一法身」卽是常同之論。故曰：「此卽同異雙論」。

㈢結成：「以是」下舉明鏡爲喻，結成同異。以明鏡一質，喻眞心平等，卽是常同；以鏡具衆像之性，喻眞心復具差別之性，卽是常異。行者若解得此鏡喻之義，那就於法界法門，洞然徹悟，不再迷惑了。

△壬四簡自他修益。分二：癸一明益。

問曰：『眞心有差別性故，佛及衆生各異不同；眞心體無二故，一切凡聖唯一法身者。亦應有別性故，他修我不修；體是一故，他修我得道？』答曰：『有別義故，他修非我修；體是一故，修不修平等。雖然，若解此體同之義者，他所修德，亦有益己之能。是故經言：「菩薩若知諸佛所有功德，即是己功德者，是爲奇特之法。」又復經言：「與一切菩薩，同一善根藏。」是故行者當知諸佛菩薩、二乘聖人、凡夫天人等，所作功德，皆是己之功德。是故應當隨喜。』

此問亦緊躡上文而起。意謂：上文既言「眞心雖復平等，而復具有差別之性。」然則，亦應眞心有差別故，他修我不修；體是一故，他修我得道不？這顯然是對同別之義，尚未了達的迷執。向下依違順次第以答：

㈠違問以答：以眞心有別義故，他之所修，非我所修；並非他修我不修。此約用別以示正義，簡其對別義的迷執。以眞心體是一故，無論修與不修，悉皆平等；並非他修我得道。此約體同以示正義，簡其對同義的迷執。

㈡「雖然」下順問以答：雖然，若能解得體同之義，則他所修德，亦有益己之能。「是故」下引經爲證。經中既言：「菩薩知諸佛功德，即是己功德」又言：「與一切菩薩同一善根藏」，豈非解得體同，他修我亦得益嗎？因此，應當於諸佛菩薩的二利功德、二乘聖人的漏盡功德、凡夫人天的有漏功德等，作自己功德想，而深生隨喜。言外，若不隨喜，便是未解體同；若解體同，必當隨喜。所以靈峯大師謂：「能解體同，卽是妙慧；念念隨喜，卽是妙行；慧行兩具，卽非一向倚他覓道者矣。」

△癸二釋疑。

問曰：『若爾，一切凡夫，皆應自然得道。』答曰：『若此眞心，唯有同義者，可不須修行，藉他得道；又亦卽無自他身相之別。眞如既復有異性義故，得有自他之殊者，寧須一向倚他覓道？但可自修功德，復知他之所修，卽是己德故，迭相助成，乃能殊勝，速疾得道，何得全倚他也。又復須知，若但自修，不知他之所修，卽是己有者，復不得他益。卽如窮子，不知父是己父，財是己財，故二十餘年，受貧窮苦，止宿草菴，則其義也。是故藉因託緣，速得成辦。若但獨求，不假他者，止可但得除糞之價。』

「若爾」二字，是指著上文「他功德，是己功德，應當隨喜。」的話來說：「若果如此，豈非一切凡夫，都不必修行，只要隨喜他修功德，就自然得道了嗎？」這是由偏執同異所起的疑情。向下分三段破釋：

㈠破偏執同義：若此眞心，唯有體同，而無用別之義；可以不須修行，但藉他修，便能得道；也就是沒有自他身相的差別。今眞如不但體同，且有別義，自他相殊，怎可自己不修，倚他得道？

㈡「但可」下示同異正義：但可以別義故，自修功德；以同義故，隨喜他修，卽是己德。這樣，以自修的功德爲因，隨喜的功德爲緣；因緣具足，迭相助成，乃能超絕殊勝，速疾得道，何得全倚他修？

㈢「又復」下破偏執異義：此引法華經中的窮子喻，以明不可執異：以不達體同，自他不二之義，喻如「窮子」。以不知他修功德，有益於己，喻如「不知父是己父，財是己財」。以雖勤苦自修，止得滅除三界見思的二乘小果，喻如「二十餘年，受貧窮苦，止宿草菴，但得除糞之價。」

△壬五簡佛德虛實。分二：癸一示德相。

問曰：『上言諸佛淨德者，有幾種？』答曰：『略言有其二種：一者自利，二者利他。自利之中，復有三種：一者法身，二者報身，三者淨土。利他之中，復有二種：一者順化，二者違化。順化之中，有其二種：一者應身及摩𧀚摩化身，二者淨土及雜染土。此是諸佛淨德。』

此明上來依他性止觀文中所謂「諸佛淨德」的類別，略有自利、利他二種。玆標列如下：

第一種自利。又分爲三：㈠法身：卽自性本證的中道理體。所以光明玄文謂：「理法聚，名法身。」㈡報身：卽酬報因行功德，所顯的實智，至極圓淨。所以光明玄文謂：「智法聚，名報身。」㈢淨土：卽法身所依，常不遷變、諸相永寂、光明遍照的「常寂光土」。

第二種利他。又分爲二：㈠順化亦二：⑴應身及摩菟摩化身：爲廣度衆生，以無漏性功德，應緣化現。約應緣，說爲應身；約化現，說爲化身（梵語名化身爲「摩菟摩」）。此開應爲化，合化爲應，所以光明玄文合謂：「功德法聚，名應身。」而不別開爲化。⑵淨土及雜染土：淨土有三：一是他受用身所依的「實報莊嚴土」是圓十住已上菩薩，行眞實法所感報。二是勝應身所依的「方便有餘土」爲修方便道，已斷見思，尚餘塵沙無明未斷的二乘聖人所居。三是劣應身所依的「凡聖同居淨土」如西方極樂世界，爲阿彌陀佛與往生的一切凡聖所同居。雜染土，卽「凡聖同居穢土」如娑婆世界，爲煩惱衆生與常來應化的佛菩薩所同居。㈡違化：卽隨形六道，示現三毒。其所化的身，所依的土，不言可知。所以當文略而不說。

以上標列的自利、利他，末句結謂：「此是諸佛淨德」。

△癸二簡實虛。分二：子一約修正簡。

問曰：『利他之德，對緣施設，權現巧便，可言無實，唯是虛相，有卽非有。自利之德，卽是法報二身，圓覺大智，顯理而成，常樂我淨，云何說言有卽非有？』答曰：『自利之德，實是常樂我淨，不遷不變。正以顯理而成故，故得如是。復正以顯理而成故，卽是心性緣起之用。然用無別用，用全是心；心無別心，心全是用。是故以體體用，有卽非有，唯是一心，而不廢常用。以用用體，非有卽有，熾然法界，而不妨常寂。寂卽是用，名爲觀門。用卽是寂，名爲止門。此卽一體雙行。但爲令學者泯相入寂故，所以先後別說止觀之異，非謂佛德，有其遷變。』

前在依他性的觀門中，說諸佛淨德，是唯心所作的虛權之相；今說自利利他，都是諸佛淨德。問者不達，認爲：利他中的應化身，乃對緣施設的權巧方便，可以說是虛權之相，有卽非有；若自利中的法、報二身，具有常、樂、我、淨的涅槃四德，乃由圓覺大智，顯中道實相之理，而得成就，怎能說是有卽非有？答中分爲三段，玆依次明之如下：

㈠別辨體用：自利之德的法身、報身，實具常樂我淨的涅槃四德，不遷不變。然理體本寂，離名絕相，倘非圓覺大智顯理而成，如何有此法身報身等的名言建立？此名從理成，理因名顯。約名所顯的理言，確是不遷不變的常樂我淨；若約理所成的名言，那就是心性緣起之用了。既是心性緣起之用，豈非有卽非有嗎？

㈡「然用」下體用互融：當知心性緣起為用，離心性外，無別緣起，故曰：「用無別用，用全是心。」用為心所緣起，離緣起外，無別心性，故曰：「心無別心，心全是用。」「是故」下申明上義：「以體體用」就是攝用歸體，約體論用。故曰：「有卽非有，唯是一心。」然而體必具用，故曰：「不廢常用」。「以用用體」就是全體起用，約用論體。故曰：「非有卽有，熾然法界。」然而用不礙體，故曰：「不妨常寂」。

㈢「寂卽」下結示止觀：心體雖寂，猶起照用，故曰：「寂卽是用」以此修觀，名為觀門。雖照猶寂，故曰：「用卽是寂」以此修止，名為止門。這就是依一心體，而止觀雙行。但為令學人觀虛相無實，泯相入寂之故；所以前明止觀，有先後別說之異；並不是說佛德為虛，有其遷變。

△子二約性例簡。

又復色卽是空，名之為止。空非滅色，目之為觀。世法尚爾，何況佛德而不得常用常寂者哉。

此舉色、空相卽，以例佛德。色為因緣所生，故曰：「色卽是空」。以此例顯「用卽是寂」，名之為止。卽色是空，不待色滅，然後方空，故曰：「空非色滅」。以此例顯「寂卽是用」，目之為觀。世間的色、空二法，尚且相卽，何況佛德，而非寂而常用，用而常寂

嗎？

△壬六簡常住生滅。

問曰：『佛德有即非有，不妨常住者。衆生亦有即非有，應不妨不滅？』答曰：『佛德即理顯以成順用故，所以常住。衆生即理隱以成違用故，所以生滅。常住之德，雖有即非有，而復非有而有，故不妨常住。生滅之用，亦雖有即非有，而復非有而有，故不妨生滅也。』此約清淨三性，以明止觀體狀竟。

此簡別佛德之所以常住，衆生之所以生滅。問者的意思是說：「佛的淨德，及衆生的色法，同是有即非有，何以佛德常住，衆生生滅？」

答謂：「佛的淨德，是由圓覺大智，顯現眞理所成的順用，所以常住。衆生色法，是由無明妄執，隱覆眞理所成的違用，所以生滅。一順用、一違用，故雖同爲有即非有，非有而有，不妨佛德常住，衆生生滅。」末句宣告，約清淨三性，以明止觀體狀，至此已竟。

△己三結

第三番體狀竟也。

第三番明止觀體狀，至此已告終結。

△戊四明止觀斷得。分三：己一標科。

次明第四止觀除障得益。就中復有三門分別：一約分別性，以明除障得益。二約依他性，以明除障得益。三約眞實性，以明除障得益。

依次第淺深，於第三大科明止觀體狀後，繼續於第四大科明止觀斷得。斷，就是除障。得，就是得益。今先標科目，亦約：分別、依他、眞實三性，分爲三門。向下各釋。

△己二各釋。分三：庚一約分別性。分二：辛一明觀行斷得。分三：壬一正明。

初明分別性中所除障者，謂能解不知境虛執實之心，是無明妄想故，即是觀行成。以觀成故，能除無明妄想上迷妄。何謂迷妄之上迷妄？謂不知迷妄是迷妄，即是迷也。以此迷故，即執爲非迷，復是妄想。此一重迷妄，因前一重上起，故名迷妄之上迷妄也。是故行者，雖未能除不了境虛執實之心，但能識知此心是癡妄者，即是能除癡妄之上迷妄也。此是除障。以除障故，堪能進修止行，即是得益。

初句總標分別性中除障。向下正明觀行斷得，分爲四段：(1)明觀成除障：無明，就是惑；妄想，就是業；既有惑業，必受苦報。這惑、業、報，能障正道，名爲三障。不知境虛，執以爲實的一念執心，就是無明妄想。能够作此解悟的，就是觀行成就。觀行既成，便能斷除無明妄想上的迷妄。⑵「何謂」下釋二重障義：怎樣叫做迷妄上的迷妄？不知境虛而執以爲實的一念之心，是一重迷妄。不知迷妄是迷妄，反執迷爲非迷，更成妄想，這是又一重迷妄。這後一重迷妄，是由前一重迷妄上起的，所以叫做迷妄上的迷妄。⑶「是故」下明所除障：行者雖未能斷除不了境虛而執以爲實的第一重迷妄；只要能了知此迷妄爲迷妄，而不執爲非迷，那便是能除第二重迷妄了。故曰：「此是除障」。⑷「以除」下明除障得益：此障能障止行，不得進修，使無明妄想，愈迷愈深。今此障旣除，便能進修止行，漸漸的斷除無明妄想了。故曰：「卽是得益」。

△壬二喻顯。

又此迷妄之上迷妄，更以喻顯。如人迷東爲西，卽是妄執。此是一重迷妄也。他人語言，汝今迷妄，謂東爲西。此人猶作是念：我所見者，非是迷妄。以不知故，執爲非迷者，復爲妄想。此卽迷妄之上，重生迷妄。此人有何過失？謂有背家浪走之過。若此人雖未醒悟，但用他語，信知自心是迷妄者，卽無迷妄之上迷妄。此人得何利益？謂雖復迷妄未醒，而得有向家之益。

此設迷方之喻，以顯了迷妄上的迷妄。初二句總標喻顯。向下正喻：「迷東爲西」喻第一重迷妄的執虛爲實。「我所見者，非是迷妄。」喻第二重迷妄上的迷妄。「背家浪走」喻背覺合塵，流轉生死。「信知自心是迷妄」喻能解悟執虛爲實之心，是無明妄想。「雖復迷妄未醒，而得向家之益。」喻雖未便除無明妄想；而得進修止行，背塵合覺，趣向涅槃的利益。

△壬三法合。

雖未證知諸法是虛，但能知境虛是無明，執實是妄想者；卽常不信己之所執，堪能進修止行，漸趣涅槃。若都不知此者，卽當流轉苦海，增長三毒，背失涅槃寂靜之舍也。此明分別性中觀行斷得之義。

此以法合喻。初句「雖未證知諸法是虛」合上「雖未醒悟」，就是未除無明妄想。「但能知不了境虛是無明（原文脫「不了」二字。今方便補入），執實是妄想。」合上「信知自心是迷妄」，就是能解執實之心，是無明妄想。「卽常不信己之所執」合上「卽無迷妄上之迷妄」。「堪能進修止行，漸趣涅槃。」合上「得有向家之益」。「若都不知」合二重迷妄。「卽當」下合背家浪走。末句結謂：「此明分別性中觀行斷得之義。」

△辛二明止行斷得。

所言分別性中止行除障得益者。謂依彼觀行作方便故，能知諸法本來無實，實執止

故，即是能除果時迷事無明，及以妄想也。復於貪瞋，漸已微薄，雖有罪垢，不爲業繫。設受苦痛，解苦無苦，即是除障。復依此止，即能成就依他性中觀行故，無塵智用，隨心行故，即是得益。此明分別性中止行除障得益也。

初句標章。向下分爲：除障、得益、結釋三段以明：⑴明除障：先於觀行中除去迷妄上的迷妄，才能進修止行；故今修止，須依觀行爲方便，才能知諸法本來無實，使實執止息。不了境虛，就是果時迷事無明；執虛爲實，就是妄想。今旣知境虛，本來無實，當然就是能除果時迷事無明；實執旣止，當然就是能除妄想了。釋要釋此爲「總斷三界見惑」。見惑，是由對境分別而起的，今見惑旣斷，俱生的思惑貪瞋，也就漸已微薄了。所以雖有罪垢，而不爲業繫所苦。設遇逆境，遭受苦痛，亦爲能解境虛，而無所謂苦了。這就是除障。⑵明得益：今此止行，能知境虛，遣除果時無明，使執實的妄心止息，就是依他性中的觀行成就。又果時無明旣斷，意識就轉爲無塵智，隨心起行了。這就是得益。⑶末句結釋：「此明分別性中止行除障得益也」。

△庚二約依他性。分二：辛一明觀行斷得。

次明依他性中止觀斷得者，初明觀門。此觀門者，與分別性中止門不異，而少有別義。此云何也？謂彼中止門者，必緣一切法是虛，故能遣無明。無明滅故，執實妄

心卽止。然此緣虛之遣，卽此依他性中觀門，更無異法。是故彼止若成，此觀亦就。但彼由緣虛故，能滅實執，故名爲止。此卽由知無實故，便解諸法是虛，因緣集起不無心相，故名爲觀。彼以滅實破執爲宗，此以立虛緣起爲旨，故有別也。以是義故，除障義同，得益稍別。別者是何？謂依此觀方便進修，堪入依他性止門。又復分成如幻化等三昧，故言得益。此是依他性中觀行斷得也。

初句總標依他性中止觀斷得。今先明觀行，分爲：辨同異、明得益、結釋三段。

㈠辨同異：初標此觀門，與分別性中的止門，大同小異。「此云何」下正釋同異，分二：⑴「謂彼」下約法體以辨同：彼分別性中的止門，必須緣念諸法是虛，才能遣除無明，止息實執。然此由緣虛而遣實，卽是依他性中的觀門，並無別異。故彼分別性中的止行若成，此依他性的觀行亦就。⑵「但彼」下約破立以辨異：彼分別性中的止門，由緣虛故，能滅實執；是以滅實破執爲宗旨。所以名之爲止。此依他性中的觀門，由知無實故，解得諸法是虛，不無因緣集起，唯心所作的心相；是以建立虛相緣起爲宗旨。所以名之爲觀。

㈡明得益：「以是義故」，指上同異之義而言。彼分別性的止門，與此依他性的觀門，同爲除障，故曰：「除障義同」。彼以破實爲宗，從假入空，但能益己；此以立虛爲宗，從空入假，兼能益人，故曰：「得益稍別」。「別者是何」下釋別得益：依此觀門，方便進修，堪入依他性的止門；又能分分成就諸法如幻、如化，乃至如夢、如影、如乾城等，無實之理的三昧。如圓覺經云：「修習菩薩如幻三昧方便，漸次令諸衆生得離諸幻。」所以名爲得益。

㈢末句結釋：「此是依他性中觀行斷得也」。

△辛二明止行斷得。分二：壬一正明。

所言依他性中止門除障得益者，謂依前觀行作方便故，能知一切虛相，唯是一心爲體，是故虛相有卽非有，如此解故，能滅虛相之執，故名爲止。以此止故，能除果時迷理無明，及以虛相。又復無明住地，漸已損薄，卽名除障。又得成就如幻化等三昧。又無生智用現前。復卽成就眞實性中觀行，卽名得益。

初句標章。向下正明斷得。分爲：明止、除障、得益三段。

㈠明止：先於前觀行中解得「諸法是虛，因緣集起，不無心相。」然後才能進修止門。故今修止，要依前觀行作爲方便。由此方便，能知一切虛相，唯是一心爲體，自體無實，有卽非有。如此作解，便能除執有虛相的迷情，所以名之爲止。

㈡除障：文中「果時迷理無明」的果字，應是子字的誤植。因爲前在辨智慧佛性的出名相文中，大師自釋謂：「果時無明，亦名迷境無明。子時無明，亦名住地無明。」又在出別惑相文中說：「虛相之有，有卽非有，本性不生，今卽不滅，唯是一心，以不知此理故，亦名子時無明，亦名迷理無明。」據此可知，今文的果字，乃子字之誤，應卽改正。虛相之執，是滅除子時迷理無明，以及滅除虛相的障礙。今此虛相之執旣止，故能除子時迷理無明，以及虛相。雖無明住地習氣，非至金剛道後，不能永盡；然今已能分分漸除，故曰：「漸已損薄，卽名除障。」

㈢得益：旣已除障，又得成就如幻化等三昧；又得了達無生之理的智用現前；復又成就眞實性中的觀行。所以名爲得益。

△壬二料簡。

問曰：『觀門之中，亦成就如幻化等三昧。此止門中，亦成就如幻化等三昧。有何別也？』答曰：『觀中分得，此中成就。又復觀中知法緣起如幻化。此中知法緣起卽寂，亦如幻化，故有別也。』此明依他性中止行除障得益。

止觀二門皆得如幻化等三昧，是有差別的。一則，觀門中，是分分證得，所以前說「分成」。止門中，是完全證成，所以今說「成就」。二則，觀門中知法緣起如幻如化，是建立假有之用。止門中知法緣起卽寂，亦如幻化，是雙遮空假，亦復雙照，體用不二的中道。所以有別。末句結成：「此明依他性中止行除障得益。」

△庚三約眞實性。分二：辛一明觀行斷得。分二：壬一正明。

次明眞實性中止觀除障得益者。初明觀門。此觀門者，初與依他性中止門無異，而少有別義。此云何也？謂彼止門，必緣一切法唯心所作，有卽非有，體是一心，是故得滅虛相之執。然此能知諸法唯一心之體，卽是此中觀門，更無異法。是以彼止若成，此觀卽就，不相離也。然彼雖緣一心，但以滅相爲宗。此中雖知虛相非有，但以立心爲旨。故有別也。是故除障義同，得益稍別，別義是何？謂依此觀作方便故，堪能勝進入止門也。

初句總標眞實性中止觀除障得益。今先明觀行，分爲：辨同異、明得益二段。

㈠辨同異：⑴「謂彼」下約法體以辨同：彼依他性中的止門，必緣一切法唯心所作，有卽非有，體是一心。這能知唯是一心之體，就是此眞實性中的觀門。前止卽今觀，今觀卽前止，故曰「更無異法」。旣無異法，那得相離？旣不相離，則彼止成時，此觀豈不卽就嗎？⑵「然彼」下約破立以辨異：彼止雖緣一心，却是以滅除虛相之執爲宗旨，故曰：「但以滅相爲宗」。此觀雖知虛相非有，却以建立唯一心體爲宗旨，故曰：「但以立心爲旨」。

㈡明得益：彼止與此觀無異，所以除障義同。彼但滅相，此但立心，故得益稍別。此以立心爲旨的觀門，堪作入眞實性止門的殊勝方便，故曰：「堪能勝進入止門也」。

△壬二料簡。

問曰：『唯心所作，與唯是一心，爲一爲異？』答曰：『唯心所作者，謂依心起於諸法，非有而有。卽是從體起相證也。唯是一心者，謂知彼所起之相，有卽非有，體是一心。卽是滅相入實證也。』此明眞實性中觀門斷得也。

問謂：前在依他性的止門中說：「一切虛相，唯是一心爲體。」而今又說：「彼止門，必緣一切法唯心所作。」這「唯心所作」與「唯是一心」二義，是一是異？

答中釋「唯心所作」義謂：依一心體緣起的諸法，非有而有。這是約一心體爲起相作證而言，故曰：「卽是從體起相證也」。釋「唯是一心」義謂：知彼所起的虛相，有卽非有，體是一心。這是約滅相爲入實作證而言，故曰：「卽是滅相入實證也」。一爲約體明用，一爲約用顯體，故宗圓記謂：「爲順入體，故云滅相，相實不滅。爲順起用，故云起相，相實不起。」末句結謂：「此明眞實性中觀門斷得也」。

△辛二明止行斷得。

所言止行除障得益者。謂依前觀行作方便故，知彼一心之體，不可分別，從本已來，常自寂靜。作此解故，念動息滅，卽名爲止。以此止行，能滅無明住地，及妄想習氣，卽名除障。大覺現前，具足佛力，卽名得益。此明眞實性中止行除障得益也。

初句標章。向下分三段以明：㈠明除障：依前觀行作爲方便，故知一心之體，本來寂靜，離名絕相，所謂：「離言說相、離名字相、離心緣相。」故曰：「不可分別，從本已來，常自寂靜。」行人應當如此悟解。否則，便如起信所說：「不如實知眞如法一故，不覺心動，而有其念。」了。那怎能進入這常自寂靜的止門？故曰：「作此解故，念動息滅，卽名爲止。」一念，就是無明住地；動，就是妄想業習。故此念動息滅的止行，能滅無明住地，及妄想習氣。這就叫做「除障」。㈡明得益：今垢障的殘習，旣究竟除滅；則三覺圓明的大覺現前，具足佛的十力，就叫做「得益」。㈢末句結謂：「此明眞實性中止行除障得益也。」

△己三總辨。分四：庚一辨除障之義。

問曰：『除障之時，爲敵對除，爲智解熏除？』答曰：『不得敵對相除。所以者何？以惑心在時，未有其解；解若起時，惑先已滅；前後不相見故，不得敵對相除。如是雖由一念解心起故，惑用不起；然其本識之中，惑染種子仍在未滅。故解心一念滅時，還起惑用。如是解惑念念迭興之時，解用漸漸熏心，增益解性之力，以成解用種子。卽彼解用熏成種子之時，卽熏彼惑染種子分分損滅。如似以香熏於臭衣，香氣分分著衣之時，臭氣分分而滅。惑種亦爾，解種分成，惑卽分滅也。以惑種分分滅故，惑用漸弱。解種分分增故，解用轉強。如是除也。非如小乘說敵對除，

但有語無義。然彼小乘亦還熏除，而不知此道理也。』

問意謂：「除障之時，是敵對相除呢，還是智解熏除？」答：「非敵對」文分四重以明：

㈠直明不得敵對相除：必須先有相反的二法，同時並存，然後一法被除，一法存留，這才叫做敵對相除。今既惑時無解，解時惑滅，二者前後互不相見，怎能說是敵對相除？

㈡「如是」下辨難：既說解時無惑，何故智解起時，惑猶未盡？釋謂：解惑同爲一念，雖一念解心起時，惑的作用，不得同時並起；然其本識中的惑染種子，仍舊未滅；所以一念解心滅時，惑用還起。何得據此爲難？

㈢「如是解惑」下正示熏除：既解、惑迭興，此起彼滅，何得以解除惑？當知，解的作用漸漸熏心，使之成爲解用種子。此時本識中的惑染種子，爲智解所熏，就分分的損滅了。如以香熏臭衣，香氣分分熏，臭氣分分滅。惑種亦然。當解種分成，使解用轉强時；惑種卽爲分分滅故，使惑用漸弱了。但這裡所謂除惑的「除」，乃了惑卽性，從惑而言，假名爲除，並非性外有可除之惑。必如是作解，方契圓理。故曰「如是除也」。

㈣「非如」下辨異權小：既是分分熏除，何以小乘說是敵對，他們也能斷惑呢？釋謂：小乘斷惑，也是分分熏除，不過他們不達此理，但有敵對之語，而無敵對之義罷了。

△庚二辨熏心之由。

問曰：『解熏心時，爲見淨心故，得熏心？爲更有所由，得熏心？』答曰：『一切解惑之用，皆依一心而起，以是義故，解惑之用，悉不離心。以不離心故，起用之時，即是熏心，更無所由。如似波浪之用，不離水故，波動之時，即動水體。是以前波之動，動於水故，更起後波也。解惑之熏，亦復如是。類此可知。』

解、惑同依一心，辨解必兼辨惑。故問但言解，答則解、惑並論。文分三重：(1)法：欲辨熏心之由，須解熏心之義；欲解熏心之義，尤須明體達用。淨心爲體，解、惑爲用。依體起用，故曰：「解、惑之用，皆依一心而起。」用不離體，故曰：「解、惑之用，悉不離心。」以不離心故，所以起用之時，即是熏心。今熏心之義既解，可知既無心外之法可見，更無所由了。(2)喻：「波浪之用，不離水故。」此喻解、惑之用，不離淨心。「波動之時，即動水體。」此喻解、惑起時，即熏心體。「前波之動，動於水故，更起後波。」此喻前念解、惑，熏於淨心，更起後念。設喻止於顯理，故喻中但舉波、水，不涉風緣。(3)合：解惑熏心，也同波水一樣，比類可知。

△庚三辨地位之相。

問曰：『此三性止觀，爲有位地，爲無位地？』答曰：『不定。若就一相而言。十解，分別性中止行成。十迴向，依他性中止行成。佛果滿足，眞實性中止行成。若更一解，地前分別性中止行成。地上，依他性中止行成。佛果，眞實性中止行成。又復地前，隨分具三性止行。地上，亦具三性止行。佛地，三性止行究竟滿足。又復位位行行，俱行三止。卽時凡夫始發心者，亦俱行三性止行。但明昧有殊，託法無別也。』

此辨三性止觀，有無地位的問題。由佛隨機或說爲有，或說爲無，故總答：「不定」。今就有地位的一相而言，有橫有竪。次第爲竪，不次第爲橫。橫竪凡有四番。前二番爲竪，後二番爲橫。玆依次以明：

㈠「十解」，卽永斷見思惑的別敎十住。分別性中的止行修成，卽當此位。「十迴向」，卽永斷塵沙，兼伏無明惑的別敎十向，及圓敎十信。依他性中的止行修成，卽當此位。「佛果滿足」，卽別敎十地，圓敎十住以上，都屬分證；至佛果位，無明永盡，方爲究竟滿足。眞實性中的止行修成，卽當此位。

㈡更有一種解釋：「地前」，卽未登初地以前的住、行、向位。爲分別性中的止行所成。「地上」，卽初地以上，至等覺位。爲依他性中的止行所成。「佛果」，卽究竟妙覺。爲眞實性中的止行所成。

㈢又復，地前等位，無明伏猶未斷，故隨分具修三性止行。地上等位，無明斷猶未盡，故亦具修三性止行。佛地，無明永盡無餘，故三性止行，究竟滿足。

㈣又復、「位位行行，俱行三止。」即所謂：「一位一切位，一行一切行，一修一切修。」的至極圓旨。如於最初的名字覺位，聞知「諸法皆一心作，似有無實。」之說，便不執為實，即是分別性止；不執為虛，即是依他性止；二執並止，即是眞實性法。故曰：「初發心者，亦得俱行三性止行。」亦卽前簡修次第文中所謂：「雖是初行，不妨念念之中，三番並學。」但前後位比較起來，雖有前昧後明之殊，却始終以三性法，為所觀境。故曰：「明昧有殊，託法無別。」

△庚四結略總明。

又復總明三性止觀除障得益。謂：三性止行成故，離凡夫行；三性觀行成故，離聲聞行；此名除障。三性止行成故，得寂滅樂，為自利；三性觀行成故，緣起作用，為利他；此為得益。斯辨第四止觀斷得竟。

向明一一性中，皆先觀後止；今總明三性，却先止後觀。可知止觀二門，說有先後，行無次第，止成卽觀成，觀成卽止成，寂體照用，二而不二，至極圓頓了。學人應善體此旨，勿謂止成為入空，觀成為出假，只是通別，而非圓頓。

凡夫之行，煩惱生死，能障涅槃。聲聞之行，沉空滯寂，能障菩提。故三性止成，離凡夫行；三性觀成，離聲聞行；名爲除障。三性止成，得大涅槃，寂滅爲樂，名爲自利；三性觀成，得大菩提，應緣施化，名爲利他；自利利他，名爲得益。末句總結大科，止觀斷得已竟。

△戊五明止觀作用。分三：己一正明。分三：庚一備顯作用。分四：辛一剋證全體大用作用。

次明第五止觀作用者。謂：止行成故，體證淨心。理融無二之性，與諸衆生，圓同一相之身。三寶於是混爾無三，二諦自斯莽然不二。怕兮凝湛淵渟，恬然澄明內寂。用無用相，動無動相。蓋以一切法，本來平等故，心性法爾故，此則甚深法性之體也。謂觀行成故，淨心體顯法界無礙之用，自然出生一切染淨之能。興大供具，滿無邊剎，奉獻三寶，惠施四生。及以吸風藏火，放光動地。引短促長，合多離一。殊形六道，分響十方。五通示現，三輪顯化。乃至上生色界之頂，下居兜率之天。託影於智幻之門，通靈於方便之道。揮二手以表獨尊，蹈七步而彰唯極。端坐瓊臺，思惟寶樹。高耀普眼於六天之宮，偏轉圓音於十方之國。蓮華藏海，帝網以開張。娑婆雜土，星羅而布列。乃使同形異見，一唱殊聞。外色衆彰，珠光亂彩。故有五山永耀，八樹潛輝；玉質常存，權形取滅。斯蓋大悲大願熏習力故；一切法，

法爾一心作故；卽是甚深緣起之用也。

初句總標科目。向下初顯作用，分爲二段。玆依次以明：

㈠剋證全體，文分爲四：⑴標示體證：淨心，就是眞如；也就是凡聖同具的法身理體。惟衆生無始以來，爲無明染法所覆，非止行成，不能證得。故曰：「止行成故，體證淨心。」⑵妙釋體證：理具染淨二性，平等一味，故曰：「理融無二之性」。佛與衆生，同一法身，故曰：「圓同一相」。能證淨心之智，就是佛寶；所證淨心之理，就是法寶；理智和合，就是僧寶，故曰：「三寶混爾無三」。佛與衆生，旣圓同一相，那有眞、俗二諦之別？故曰：「二諦莽然不二」。混爾、莽然，都是渾融一體之義。⑶贊歎體證：「怕然凝湛淵渟，恬然澄明內寂。」這兩句是歎：性淨，如水之凝湛、澄明；理深，如水之淵渟、內寂。「怕」與「泊」同。「怕兮」與「恬然」，都是稱歎心性恬靜之詞。「用無用相，動無動相。」這兩句是歎：體寂用動，以體收用，動靜一如；無用不寂，無動不靜。⑷結示平等：上來所說的「體證淨心，理融無二之性。」等義，並不是把不平等，說成平等；而是一切法，本來平等，故曰：「心性法爾」。此法性理體，妙絕言思，至極幽微，故曰：「甚深」。

㈡能與大用。文分爲三：⑴標示顯用：由於觀行的成就，淨心之體，自然顯現一切染淨之用，周徧法界，自在無礙，故曰：「自然出生一切染淨之能。」⑵別釋顯用：「與大供具」以下四句，顯悲敬大用。就是：菩薩能以香、華、燈明、飲食等的諸大供具，於無邊剎土，奉獻三寶，爲敬田；惠施四生，爲悲田。「吸風藏火」以下十句，顯神通妙用。初二句易知。次二句，前明如來藏不空義中已釋。「殊形六道」，卽菩薩現身六道的形貌殊別。「分響十方」，卽分身於十方世界，爲影響衆，以助佛敎化。「五通」、「三輪」二句，前明清淨分別性中已釋。「上生色界」，爲赴應。「下居兜率」爲待機。自「託影」至「取滅」二十句，略顯八相成道：初句含下兜率、入胎二相：佛母「摩耶夫人」，此飜摩耶爲「幻」，爲生佛故，稱爲「智幻」。菩薩託胎，大乘見乘旃檀樓閣，小乘見乘六牙白象，下兜率，從右脅入，實爲法身影現，非生示生，故曰：「託影於智幻之門」。次句卽住胎相：菩薩住母胎時，方便爲大乘菩薩說大乘道，故曰：「通靈於方便之道」。次二句卽出胎相：太子降生，一手指天，一手指地，足蹈蓮華，前行七步，言：「天上天下，唯我獨尊。」故曰：「擧二手以表獨尊，蹈七步而彰唯極。」次一句卽成道相：結跏趺坐千葉寶蓮華臺，故曰：「端坐瓊臺」。次十一句卽說法相：於三七日中，觀菩提道樹，思維衆生根鈍，云何可度，故曰：「思惟寶樹」。佛以慈眼普觀衆生，於欲界六天，說華嚴大法，圓音徧聞十方國土，故曰：「高耀普眼於六天之宮，徧轉圓音於十方之國。」華嚴經所說的華藏世界，主伴相攝，如帝釋殿前所張寶網，珠光互映，重重無盡，故曰：「蓮華藏海，帝網以開張。」一盧舍那，化千百億釋迦，於五趣雜居的娑婆穢土，一時成佛，如星宿的羅列，棋局的分布，故曰：「

娑婆雜土，星羅而布列。」佛形是一，衆生見異，菩薩見佛色相無邊，凡夫見佛形同六道，故曰：「形同異見」。佛以一音演說法，衆生隨類各得解，故曰：「一唱殊聞」。三十二相，爲「外色衆彰」。相好光明，如「珠光亂彩」。「故有」以下四句入涅槃相：靈鷲山有五峯，佛實身如玉，常在靈山，如法華經云：「於阿僧祇劫，常在靈鷲山。」故曰：「五山永耀，玉質常存。」雖實不滅，權現滅度，如法華經云：「方便現涅槃，而實不滅度。」故曰：「權形取滅」。佛涅槃時，娑羅雙樹一時開華，變爲白色，故曰：「八樹潛輝」。(3)結成顯用：以上所說的種種作用，無非一心由大悲大願的熏習之力而緣起，故曰：「卽是甚深緣起之用」。

△辛二明雙遮雙照作用。

又，止行成故，其心平等，不住生死。觀行成故，德用緣起，不入涅槃。又，止行成故，住大涅槃。觀行成故，處於生死。

此約生死、涅槃，明雙遮雙照。止行成，則淨心平等，體證眞如；就不住於生死的「有」邊了。觀行成，則淨德之用，依心緣起；就不入涅槃的「空」邊了。不住生死，不入涅槃，就是雙遮有、空。又因止行成故，不住生死，住大涅槃。觀行成故，不入涅槃，處於生死。既住涅槃，又處生死，就是雙照有、空。雙遮雙照，就是止觀不二，寂照同時的中道第一義諦。

△辛三明離過具德作用。

又止行成故，不爲世染。觀行成故，不爲寂滯。又止行成故，卽用而常寂。觀行成故，卽寂而常用。

此約寂用，明離過具德。止行成，則不爲世染，便是離了凡夫的四倒之過。觀行成，則不爲寂滯，便是離了二乘的四倒之過。又止行成，不爲世染，乃卽用而常寂。觀行成，則不爲寂滯，乃卽寂而常用。卽用而寂，卽寂而用，便是離了凡夫、二乘的八倒，而具備常、樂、我、淨的四德了。

△辛四明融卽離微作用。

又止行成故，知生死卽是涅槃。觀行成故，知涅槃卽是生死。又止行成故，知生死及涅槃，二俱不可得。觀行成故，知流轉卽生死，不轉是涅槃。

此約生死、涅槃，明融卽離微。又止行成，便知生死卽涅槃，如擧波卽水。又觀行成，便知涅槃卽生死，如全水在波。此明生死涅槃，絕待融卽。又止行成，便知生死無相，涅槃亦無相，故生死及涅槃，二俱不可得。又觀行成，便知生死涅槃，旣不可得，何妨隨流轉緣，名爲生死；隨不轉緣，名爲涅槃？故曰：「流轉卽生死，不轉是涅槃。」然則，生死涅槃之相尚無，那有轉與不轉的名言可立？可謂寂用同時，離有離無的微妙了。

△庚二重明所依。

問曰：『菩薩卽寂與用之時，三性之中，依於何性而得成立？』答曰：『菩薩依依他性道理故，能得卽寂與用；兼以餘性，助成化道。此義云何？謂雖知諸法有卽非有，而復卽知不妨非有而有，不無似法顯現。何以故？以緣起之法法爾故。是故菩薩常在三昧，而得起心憫念衆生。然復依分別性觀門故，知一切衆生受大苦惱。依依他性觀門故，從心出生攝化之用。依眞實性觀門故，知一切衆生與己同體。依分別性止門故，知一切衆生可除染得淨。依依他性止門故，不見能度所度之相。依眞實性止門故，自身他身本來常住大般涅槃。』

「菩薩卽寂與用」，就是菩薩爲憫念衆生，由定起用。不知這在分別、依他、眞實的三性中，依那一性而得成立？答中分爲總標、別釋二段以明。

㈠總標二義：菩薩卽寂與用，一則要依「依他性」的緣起道理。二則要兼以餘性，來助成化道。

㈡「此義云何」下別釋二義：⑴釋依他性道理：「有卽非有」就是所謂的「用時常寂」

。「非有而有」就是所謂的「寂時常用」。旣知諸法有卽非有，又知不妨非有而有的似法顯現。因爲這是緣起法的法爾自然之理，所以菩薩能够卽寂與用。卽寂則「常在三昧」；與用則「起心憫念衆生」。⑵釋餘性助成化道：雖依依他性的觀門，從心出生攝化衆生之用；然須依分別性觀，知衆生受大苦惱；依眞實性觀，知衆生與己同體，方能助成。此以餘性觀門助成化道。雖依依他性的止門，三輪體空，無能度所度之相；然須依分別性止，知衆生皆可除染得淨；依眞實性止，知自他本無生滅，常住大般涅槃，方能助成。此以餘性止門助成化道。

△庚三再示方便。

又若初行菩薩，欲有所作，須先發願，次入止門。卽從止起觀，然後隨心所作卽成。何故須先發願？謂指剋所求，請勝力加故。復何須入止？謂欲知諸法，悉非有故，是故於一切有礙之法，隨念卽通。何故卽從止起觀？謂欲知一切法，皆從心作故，是故於一切法有所建立，隨念卽成也。若久行菩薩，卽不如是。但發意欲作，隨念卽成也。諸佛如來，復不如是。但不緣而照，不慮而知，隨機感所應見聞，不發意而事自成也。譬如摩尼，無心欲益於世，而隨前感，雨寶差別。如來亦爾，隨所施爲，不作心意，而與所益相應。此蓋由三大阿僧祇刧熏習純熟，故得如是，更無異法也。

此約位略分：初行、久行、成佛，以明因行果覺的次第淺深。今順文便，分三段以明：

㈠初行菩薩，位在名字、觀行。必然對自度度他的妙行功德，欲有所作。否則，何以名爲菩薩？但得先發願、次入止、再次從止起觀，然後隨心所作，才能成辦。爲什麼要先發願？因爲發願，就是行者對其剋指所求的歸趣，請三寶以勝力加被，如四弘誓願。否則，行者漫無指歸，豈不徘徊歧路？所以要先發願。又爲什麼要入止？非入止，不能了知諸法性空，有卽非有，而於一切有礙之法，隨念卽通。所以又要入止。爲什麼從止起觀？非從止起觀，不能了知一切法皆從心作，若於施化之功，有所建立，隨念卽成。所以要從止起觀。

㈡久行菩薩，但在相似、分眞。此菩薩觀行功深，只要發心欲有所作，隨念卽成。不須要像初行菩薩那樣的入止起觀，故曰：「卽不如是」。

㈢諸佛如來，證究竟覺果。久行菩薩，尙須以緣慮心，作意方成。諸佛如來則不如是，但只不緣而自照，不慮而自知，所應見聞，隨機感得，不必發意，而事自成辦。「譬如」下舉喩合明：以摩尼珠無心益世，隨感雨寶，喩諸佛如來，隨所施爲，不作心意，而與所益之物，自然相應。「此蓋」下結成所以：諸佛如來所以能够如此者；由於歷盡三大阿僧祇劫的無數長時，熏習純熟之故。了然大師說：「永盡無明雜染故純，常與妙理相應故熟。」除此熏習純熟以外，別無他法，故曰：「更無異法也」。

△己二偈頌。分三：庚一頌理體。

心性自清淨，諸法唯一心，此心即衆生，此心菩薩佛。生死亦是心，涅槃亦是心，一心而作二，二還無二相。一心如大海，其性恒一味，而具種種義，是無窮法藏。

梵語「偈陀」漢譯爲「頌」，梵漢並舉，故名「偈頌」。此乃佛祖悲心，爲使學人總持法要，所說類似詩賦體裁的聯語。每句字數相等，每聯四句爲一頌。略分二類，大概重明長行所說的，叫做重頌。特立孤起的，叫做孤頌。自本科以下共十一頌又一句，就是重明長行廣作分別的止觀法要。本科三頌，是重明心體。

初二頌約法顯體：第一句總頌心體：此心自無始已來，雖爲無明染法所覆，而性淨不改，故曰：「心性自清淨」亦即所謂的「自性清淨心」。第二句頌全事即理：十界三千諸法爲「事」，一心爲「理」。事不離理，理外無事，故曰「諸法唯一心」。此即所謂的「理具三千」。第三句至第六句頌全理成事：是心迷，就是流轉生死的衆生。是心悟，就是證大涅槃的菩薩佛。此十界三千，無一事而非全理所成。亦即所謂的「事造三千」。第七、八兩句通結上文：「一心而作二」就是所謂的「流轉即生死，不轉即涅槃。」靈峯大師說是「不變隨緣」。「二還無二相」就是所謂的「生死及涅槃，二俱不可得。」靈峯大師說是「隨緣不變」。

。次一頌舉譬顯體：以大海恒一鹹味，譬喻心性一味平等，故曰：「一心如大海，其性恒一味。」以大海具種種寶藏之義，譬喻一心具事理三千，無窮法藏。故曰：「而具種種義，是無窮法藏。」

△庚二頌觀法。分三：辛一法說。

是故諸行者，應當一切時，觀察自身心。知悉由染業，熏藏心故起。既知如來藏，依熏作世法，應解衆生體，悉是如來藏。復念眞藏心，隨熏作世法，若以淨業熏，藏必作佛果。

本科三頌又一句，重明依體起用。文約染、淨，分爲二段：

㈠初二頌又一句，是約染濁三性以明用：初二句，勸勉行者，應時時勤修止觀，懈怠不得！第三句，勸依「染濁分別性」以修止觀，觀察自己的五陰身心，何以流轉生死，受苦無窮，其起因何在？第四、五兩句，勸依「染濁依他性」以修止觀，便知此五陰身心，是由無明妄想的染業，熏如來藏心，心依熏緣而現起虛狀；如病眼人，妄見空華。第六至第九四句，勸依「染濁眞實性」以修止觀，既知世間染法的五陰，是由如來藏依熏而起；自應了解衆生的五陰當體，就是如來藏。靈峯大師說，六、七兩句，是知不變常隨緣。八、九兩句，是解隨緣常不變。

㈡次一頌，是約清淨三性以明用：初二句，諜前從眞起妄。次二句，例後返妄卽眞。就是說：「藏心一眞平等，旣能隨染業熏作世法；必然，也能隨淨業熏作佛果。」大師此語，警策行人可謂至矣！何不猛醒回頭？

△辛二喻說。

譬如見金蛇，知是打金作，卽解於蛇體，純是調柔金，復念金隨匠，得作蛇蟲形，卽知蛇體金，隨匠成佛像。

文中以「見」喻「觀察」。「金」喻「如來藏性」。「蛇」喻「五陰身心」。「打作」喻「熏起」。「匠」喻「當人」。

第一句的「見金蛇」三字，喻上文「觀察自身心」句。就是依染濁分別性，來觀察自己不知是唯心所作，而執以爲實的五陰身心；如見金蛇是蛇，不見蛇卽是金。第二句的「知是打金作」喻上文「知悉由染業，熏藏心故起」兩句。就是依染濁依他性，了知五陰身心，是由染業熏如來藏心，而現起的虛狀，好比蛇是由金打成的，並非眞蛇。第三、四兩句「卽解於蛇體，純是調柔金」喻上文「應解衆生體，悉是如來藏」兩句。就是依染濁眞實性，解得衆生的當體，卽是如來藏；猶如蛇的當體，便是隨順調柔的眞金。第五至第八「復念金隨匠」等四句，喻上文「復念眞藏心」等四句。就是復依清淨三性，體念凡聖同體的如來藏心，能隨當人以染業熏作世法；以淨業熏成佛果。這好比眞金，能隨匠意打作蛇形，或鑄成佛像，眞金是永不變的。

△辛三合結。

藏心如眞金，具足違順性，能隨染淨業，顯現凡聖果。

藏心具足違順二性，故能隨染業顯現凡夫，隨淨業顯現聖果。合上文：金具調柔性，故能隨匠打作蛇形，鑄成佛像。

違順二性，就是染淨二性。性實平等，染淨名異。故有不變常同，隨緣常別二義。因此，當其正隨染緣在凡時，而性淨不改，仍可轉凡成聖。明乎此，行者就有所抉擇，去染修淨了。所以下文，還有更重要的勸修一科。

△庚三勸修。

以是因緣故，速習無漏業，熏於清淨心，疾成平等德。是故於卽時，莫輕御自身，亦勿賤於他，終俱成佛故。

勸修止觀，必有因緣。上文以藏心爲因；染淨業爲緣；因緣和合，現凡聖果。以是因緣之故，勸行人速依大乘止觀，習無漏業；免得被貪瞋癡等的煩惱，漏落到三途惡道。以此無漏業緣，熏於清淨心因，就迅疾成就「心佛衆生，三無差別」的平等性德了。所以要卽時行道，不要輕率御用自身；也不要卑賤他人。因爲一切衆生，終必成佛，何得自輕賤他？旣不自輕，亦不賤他，便是平等性德。

△己三總結。

此明止觀作用竟。上來總明五番建立止觀道理訖。

第一句結束止觀作用。第二句總結廣作分別的五番建立。

△乙三歷事指點。分三：丙一明禮佛時止觀。分三：丁一觀門。分二：戊一實事觀。分三：

己一法說。

凡禮佛之法，亦有止觀二門。所言觀門禮佛者，當知十方三世一切諸佛，悉與我身同一淨心爲體。但以諸佛修習淨業熏心故，得成淨果，差別顯現，徧滿十方三世。然一一佛，皆具一切種智，是正徧知海，是大慈悲海。念念之中，盡知一切衆生心心數法，盡欲救度一切衆生。一佛旣爾，一切諸佛，皆悉如是。是故行者，若供養時、若禮拜時、若讚歎時、若懺悔時、若勸請時、若隨喜時、若迴向時、若發願時，當作是念：一切諸佛，悉知我供養，悉受我供養，乃至悉知我發願。

上來已將止觀法要，廣作分別。今復歷事指點，以示理必融事，事不離理。若禮佛、若飲食、若便利，無一事而不融攝於止觀妙境。今釋觀門禮佛，當文分爲二段：

㈠生佛同異。分二：⑴體同：「諸佛」應包括四聖。「我身」應包括六凡。「自性清淨心」爲十界凡聖同具的法身理體。故曰：「一切諸佛，悉與我身同一淨心爲體。」是謂體同。⑵用異：凡聖理體雖同，但衆生尚未修證，而諸佛已修習淨業，得成淨果了。故佛能隨緣差別，顯現妙用，徧滿十方三世。此就佛身而論用異。佛具「一切種智」照中諦理。「正徧知海」，就是正覺如海，徧知眞、俗二諦，深廣莫測。「大慈悲海」，就是佛的慈愍悲心，莫可名大，譬之如海。由正徧知海，盡知一切衆生的心、心數法。由大慈悲海，盡欲救度一切衆生，同登覺岸。一佛如是，佛佛皆然。此就佛心而論用異。

㈡行者修供。分二：⑴約事：第一句「若供養時」是以依報五塵的香、華、燈、明、飲食等爲供法。向下「若禮拜時」至「若發願時」等七句，是以正報的身、口、意三業爲修法。就中所謂的「勸請」即請佛住世轉法輪。所謂的「迴向」即迴轉自己所修的功德，趣向於所期，如通常所誦的迴向文云：「願以此功德，莊嚴佛淨土，上報四重恩，下濟三途苦，若有見聞者，悉發菩提心，盡此一報身，同生極樂國。」餘義可知。理由事顯，故先約事。⑵約理：在供養，乃至發願時，當念：「十方三世一切諸佛，既是正徧知海，大慈悲海；則我之供養，乃至發願，豈能出乎諸佛的正徧知海，大慈悲海，而不爲其悉知悉受嗎？既爲諸佛所悉知悉受；則我心外無佛，佛外無心，十方三世，不離當念之理明矣。」事攬理成，故次約理。行者修供，果能如是事理觀融，則最初發心，便成正覺，其功德何可思量！

△己二譬說。

猶如生盲之人，於大衆中，行種種惠施，雖不見大衆諸人，而知諸人皆悉見己所作，受己所施，與有目者行施無異。

此以行者譬生盲人。諸佛譬大衆。菩薩譬有目者。行者修供，譬如生盲之人，在大衆中，行種種檀施，雖不能眼見衆人，却能心知大衆人等，都曾見己所行，受己所施。這與有目人行施，不是一樣嗎？

△己三法合。

行者亦爾。雖不見諸佛，而知諸佛皆悉見己所作，受我懺悔，受我供養。如此解時，即是現前供養，與實見諸佛供養者，等無有異也。何以故？以觀見佛心故。佛心者，大慈悲是也。

盲人行施，心知與能見無異，行者亦然。在懺悔供養時，雖不能與諸佛覿面，却能心知諸佛，都曾見我所作，受我懺悔，受我供養。如能作此觀解，即是行供養時，諸佛現在其前。這和大菩薩實見諸佛的供養，正等無異。因爲佛心就是大慈悲海；行者修供，旣能觀解知見佛心，豈能不爲諸佛的大慈悲海所容受嗎？

△戊二假想觀。分二：己一佛身觀。分二：庚一直示。

又若能想作一佛，身相嚴好。乃至能得想作無量諸佛，一一佛前，皆見己身供養禮拜者，亦是現前供養。何以故？以是心作佛，是心是佛故。

「想作」就是假想觀。若能閉目假想，儼然觀見有一佛身，乃至無量諸佛，相好莊嚴；並見己身在一一佛前，供養禮拜。作此假想觀成，也同前觀一樣，與親在佛前供養無異，故曰「亦是現前供養」。

「何以故」下，引觀經爲證，略具三義：⑴『是心作佛』就是事造，所謂「心造諸如來」。『是心是佛』就是理具，所謂「如如佛」者是。事造，造理具之事；理具，具事造之理。如是事理觀融，方契圓宗。⑵是心作佛時，作一佛，卽作一切佛。是心是佛時，是一佛，卽是一切佛，所謂「一卽一切，一切卽一」方契圓宗。⑶修觀的妙行，名爲「作佛」。觀成的妙果，名爲「是佛」。行、果俱妙，方契圓宗。餘義如述要、述記所明。

△庚二釋疑。分二：辛一明假想非妄，分三：壬一直明非妄。

問曰『前之一番供養，實有道理，可與現前供養無異。此後一番想作佛身者，則無道理。何以故？以實不見佛身，假想作見，即是妄想相故。』答曰：『佛在世時，所有衆生現前所見佛者，亦是衆生自心作也。是故經言：「心造諸如來」。以是義故，即時心想作佛，則與彼現前作佛一也。

楞嚴經云：『如是見性，是心非眼』。疑者不達此唯心之旨，所以興問，謂：『前番作實事觀時，實有供養佛像之事，可以說與眞佛現前無異，不無道理。今番作假想觀，並非實有供佛之事，但憑虛妄想相，如何也說是現前供養？實在沒有道理。』

答中先示義謂：『莫說供養佛像，就是佛在世時，衆生現前所見之佛，也是衆生自心所作。眞佛既是心作，那假想所作之佛，豈非與眞佛現前無異？怎能說是沒有道理？』次引經證成：華嚴經上有『心造諸如來』之說，可爲「心想作佛，與現前作佛，是一樣」的鐵證。

△壬二遠勝二乘。

又復乃勝二乘現見佛者。何以故？以彼二乘所見之佛，實從心作。由無明故，妄想曲見。謂從外來，非是心作。故即是顚倒，不稱心性緣起之義。是故經言：「聲聞曲見」。又復經言：「是人行邪道，不能見如來。」所言如來者，即是眞如淨心，依熏緣起，果報顯現，故名如來。彼謂心外異來，故言不能見也。我今所見諸佛，雖是想心所作，但卽能知由我想念熏眞心故，心中現此諸佛。是故所見之佛，不在心外，唯是眞心之相，有卽非有，非有卽有。不壞眞寂，不壞緣起。是故勝彼二乘現前見也。

此釋想心見佛，遠勝二乘現前見佛。自「何以故」下，文分爲二：㈠釋二乘現前見佛，分二：⑴正明見佛：二乘人現前見佛，實亦從心所作。但他們以無明妄想，顚倒曲見，認爲佛從外來，非自心作。此與心性緣起之義相違，故曰「不稱心性緣起之義」。⑵引經辨證：般若經云『是人行邪道，不能見如來。』二乘人顚倒曲見，心外取法，就是「行邪道」。眞如淨心，依熏緣起，所顯現的佛果，號爲「如來」。心外取法的二乘，和淨心緣起的如來，一是南轅，一是北轍，怎能覿面相見？故曰「不能見也」。㈡釋想心見佛：想心所見的佛，雖是想心所作；却能了知此佛，是由我想念熏於眞心之所顯現，故曰：「不在心外，唯是眞心之相。」此佛，有卽非有，就是妙有不礙眞空，故曰：「不壞眞寂」。非有卽有，就是眞空不妨妙有，故曰：「不壞緣起」。此想心見佛，與心性緣起之義相合；所以勝彼二乘，本不見如來，而謂現前見佛者，就遠得多了。

△壬三徑齊菩薩

又若我以想心熏真心故，真心性起，顯現諸佛，而言是妄想者；道場會衆，皆以見佛之業熏真心故，盧舍那佛在於真心中現，彼諸菩薩，亦是妄想。若彼菩薩所見之佛，實從心起，見時即知不從外來，非是妄想者；我今所見諸佛，亦從心起，亦知不從外來，何爲言是妄想？又復彼諸菩薩所修見佛之業，悉是心作，還熏於心；我今念佛之想，亦是心作，還熏於心，彼此即齊。是故彼若非妄，我即真實。』

此釋想心見佛，與菩薩見盧舍那佛的事理相同。約三義以明：⑴以見佛的想心，熏於真心；真心即隨熏緣起，顯現諸佛。華嚴道場的菩薩會衆，也都以見佛之業熏於真心；其真心中，亦依熏緣顯現了圓滿報身的盧舍那佛。這是其同義之一。⑵彼諸菩薩，知其所見之佛，實從心起，不從外來。想心見佛，亦知實從心起，不從外來。這是其同義之二。⑶彼諸菩薩所修的見佛之業，都是心作，還熏於心。念佛的想心，也是心作，還熏於心。這是其同義之三。彼此既有三重同義，要真都真；要妄都妄。然則，彼若非妄，此即真實，更有何疑？

△辛二明感應俱成。分四：壬一重明同體心性。

問曰：『若一切諸佛，唯由衆生自心所作者，即無有實佛出世。』答曰：『不妨一切諸佛出世，而即是衆生自心所作。何以故？謂由一切諸佛，一切衆生，同一淨心爲體故。然此淨心全體唯作一衆生，而即不妨全體復作一切凡聖。如一衆生，是淨

心全體所作，其餘一一凡聖，悉皆如是。一時一體，不相妨礙。是故若偏據一人以論心者，此人之體，卽能作一切凡聖。如藏體一異中，釋此義也。由此義故，一切諸佛，唯是我心所作。但由共相不共相識義故。雖是我心能作諸佛，而有見不見之理，如共相不共相識中具明。

此科問答，爲重擧同體心性，以究明實佛出世，亦是心作之理。問意可知。答中分二：㈠總示：「不妨一切諸佛出世，卽是衆生自心所作。」此總明衆生心作，與實佛出世，不但互不相妨，而且相卽。㈡別釋。分三：⑴約凡聖以論體同：由於一切凡聖，同一淨心爲體故；所以當淨心全體作一衆生之時，不妨復作一切凡聖。換言之，一一衆生是淨心全體所作，一一凡聖也是淨心全體所作。故曰「一時一體，不相妨礙。」⑵約一人以論心體：若偏據一人以論心體，則此一人的心體，便能作一切凡聖。此義，前在「藏體一異」科中，已經詳釋，這裏不煩贅述。以是義故，一切諸佛，唯是我心所作，應無疑問。怎能說，若衆生自心作佛，便無實佛出世呢？⑶擧共、不共相識，以釋伏疑：體同之理雖明，恐猶存伏疑，疑謂：「諸佛出世，既是衆生心作，爲什麼有見佛，有不見佛？」釋謂：「但由共、不共相識之義故，諸佛雖是衆生心作，却有見、不見之理。」這在前「共相識」與「不共相識」的文中，具已闡明。

△壬二明依想得見眞佛。

以是義故，若能方便假想者，此想卽熏眞心，與諸佛悲智之熏相應故，於眞心中顯現諸佛，自得見之。此所現之佛，以我假想見佛之業，與佛利他之業相應熏心起故，此佛卽是我共相識也。是共相識故，卽是眞實出世之佛，爲我所見。若無見佛之業，與佛利他之德相應熏心者，一切諸佛雖是我淨心所作，而我常不得見佛。

初句「以是義故」指上文「共相、不共相識」之義而言。向下明假想得見眞佛，卽基於此義。文分爲四：⑴明得見之理：「方便假想」，就是修假想觀，爲見佛的方便；也就是衆生的見佛之業。「悲智之熏」，就是諸佛的利他之業。衆生以假想熏眞心，爲感；諸佛以悲智熏眞心，爲應；感應交融，便於凡聖同體的眞心裏，顯現諸佛，自然得見。⑵明共相識義：此所見的佛，就是我見佛之業，與佛利他之業，相應而成的共相；此相由熏心而起，所以此佛，就是我的「共相識」⑶明所見卽眞：此假想所見的佛，因爲是共相識的緣故，所以卽是眞佛出世，爲我所見。⑷明常不得見：假使沒有見佛之業，與佛利他之德相應熏心；則一切諸佛，雖是我的淨心所作，却無「共相識」義，那就常時不得見佛了。

△壬三生佛互論熏心。

是故若偏據諸佛以論淨心，即諸佛淨心，作一切衆生。但佛有慈悲智力熏心，故得見一切衆生。若偏據衆生以論淨心，即衆生淨心，作一切諸佛。但衆生有見佛之業熏心，故得見一切諸佛。

淨心為生佛同體心性，已數見前科。今復雙約生佛互論，以明此義。文分為二：⑴若偏據諸佛而論，這個生佛同體的淨心，就是佛心。故曰：「諸佛淨心作一切衆生；佛有慈悲智力熏心，得見一切衆生。」此明除諸佛心見之外，無別衆生，以顯同體之義。⑵若偏據衆生而論，這個生佛同體的淨心，就是衆生心。故曰：「衆生淨心作一切諸佛；衆生有見佛之業熏心，得見一切諸佛。」此明除衆生心見之外，無別諸佛，以顯同體之義。

△壬四結成感應不二、

是故假想熏心者；即心中諸佛顯現可見。所見之佛，則是眞實出世之佛。若不解此義故，謂釋迦如來是心外實佛；心想作者，是妄想作佛。如是執者，雖見釋迦如來亦不識也。』

基於已上所說之故，假想熏心所顯現的諸佛，就是眞實出世之佛。如華嚴經云：「應觀法界性，一切唯心造。」傳心法要云：「性即心，心即佛。」若不了解此義，認為釋迦如來，是心外實佛；假想所見的佛，是妄想所作。此心外覓佛的執見，縱使見了釋迦如來，亦不相識。難怪靈峯大師斥之謂：「是人行邪道，不能見如來」了。

△己二供具觀。

又復行者既如是知一切諸佛，是心所作故。當知身及供具，亦從定心出生。以是義故，當想自身心，猶如香藏王。身諸毛孔內，流出香煙雲。其雲難思議，充滿十方剎。各於諸佛前，成大香樓閣。其香樓閣內，無量香天子，手執殊妙香，供養諸最勝。或復想自身，偏滿十方國。身數等諸佛，親侍於如來。彼諸一一身，猶如大梵王，色相最殊妙、五體禮尊足。知身及供具，悉是一心爲，不生妄想執，謂爲心外有。復知諸菩薩，所有諸供具，悉施諸衆生，令供養諸佛。是故彼供具，即是我己有。知是己有故，持供諸如來。以己心作物，及他施己者，復迴施衆生，供獻諸最勝。深入緣起觀，乃能爲此事。此觀門禮佛。

初四句舉佛例供：既知諸佛是淨心所作，以佛爲例，當知身及供具，也是從定心出生的。這裏的「心」字，對染而言，名爲「淨心」；對散動言，名爲「定心」。非淨心不能作佛；非定心不能出生身及供具。以前例後，故曰「亦從」。宗圓記釋此定心爲「首楞嚴定」。述記釋爲「五別境中的定心所」。

「以是義故」下，有九頌半文，正明供具觀。分爲六段：⑴初三頌明所供周徧：「香藏王」，就是旃檀樹。此樹蘊藏之香最貴，故名香藏王。當先觀想身心，如香藏王，從全身的毛孔裏，流出香煙如雲；繼觀此雲不可思議，充滿了十方刹土，各在十方佛前，幻作大香樓閣；繼觀這大香樓閣裏，有無量天子，手執妙香，供養諸佛。⑵次二頌明能供周徧：或復先觀自身，徧十方國，分身之數，與十方佛相等，親自奉侍如來；繼觀一一分身，色相殊妙，如大梵天王，五體投地的禮世尊足。⑶次一頌明止觀不二：了知身及供具，皆一心作；就不生妄想，執爲心外有法了。⑷次二頌明隨喜供養：復知菩薩的供具，都施給衆生，令供諸佛。因此我便隨喜持彼菩薩的供具，以供養如來。⑸次一頌明普皆迴向：以自心所作，及菩薩施給的供物，都迴施衆生，以供獻諸佛。⑹最後半頌結歎功能：必須深入法界緣起的觀門，才能爲此觀行之事。

末句「此觀門禮佛」，乃宣告此「禮佛時止觀」的觀門已竟之詞。

△丁二止門。

止門禮佛者：當知一切諸佛，及以己身，一切供具，皆從心作。有卽非有，唯是一心；亦不得取於一心之相。何以故？以心外無法能取此心相故。若有能取所取者，卽是虛妄，自體非有。如是禮者，卽名止門。

若知一切諸佛，及己身供具，皆從心作，虛相無實，便是分別性止。若知此虛相，有卽非有，唯是一心，便是依他性止。不取一心之相，橫執爲眞，便是眞實性止。何故不得取於心相?因爲絕待平等的一心之外，別無能取此心之法。若有能取、所取，那便是能、所相待，自體非有的虛妄分別。何得取於心相?。這就是止門禮佛。

△丁三雙行。

復不得以此止行故，便廢息觀行。應當止觀雙行。所謂雖知佛身我身，及諸供具，體唯一心；而卽從心出生緣起之用，熾然供養。雖復熾然供養；而復卽知有卽非有，唯是一心，平等無念。是故經言：「供養於十方，無量億如來，諸佛及己身，無有分別相。」此是止觀雙行也。

初三句標示止觀雙行：常寂之體爲「止」，緣起之用爲「觀」。卽止而觀，卽觀而止，體用不可偏廢，故曰「應當止觀雙行」。「所謂」下正釋雙行：「雖知佛身我身」至「熾然供養」等句，就是卽止而觀，常寂之體，不廢緣起之用。「雖復熾然供養」至「平等無念」等句，就是卽觀而止，緣起之用，不壞常寂之體。「是故」下引經證成：「供養於十方，無量億如來。」就是約緣起之用以明觀。「諸佛及己身，無有分別相。」就是約常寂之體以明止。末句總結：「此是止觀雙行也」。

△丙二明食時止觀。分二：丁一觀門。分二：戊一普供觀。分二：己一轉粗作妙觀。

凡食時亦有止觀兩門。所言觀者：初得食時，爲供養佛故，卽當念於此食，是我心作，我今應當變此疏食之相，以爲上味。何以故？以知諸法本從心生，還從心轉故。作是念已，卽想所持之器，以爲七寶之鉢；其中飮食，想爲天上上味；或作甘露；或爲粳糧；或作石蜜；或爲酥酪，種種勝饍等。作此想已，然後持此所想之食，施與一切衆生，共供養三寶四生等食之。當念一切諸佛及賢聖，悉知我等作此供養，悉受我等如是供養。作此供養已，然後食之。是故經言：「以一食施一切，供養諸佛及諸賢聖，然後可食。」問曰：『旣施與三寶竟，何爲得自食？』答曰：『當施一切衆生，共供養三寶時，卽兼共施衆生食之，我此身中八萬戶蟲，卽是衆生之數故，是故得自食之，令蟲安樂，不自爲己。』

初句總標食時止觀二門。次句別標觀門。向下釋觀分六：⑴示變食之由：行者得食，爲供佛故，應當把人間的粗劣疏食，變爲天上的上妙美味。如何變得？以諸法本從心生，怎能不還從心轉？⑵正示變食：作是念已，卽想所持的盛供之器，變爲七寶之鉢；鉢中所盛的飮食，變爲天上上味；或變作甘露、粳糧、石蜜（冰糖）、酥酪等的種種勝妙餚饍。⑶迴施供養：作此想罷，然後持此觀想所變之食，迴施一切衆生，共同供養三寶，及卵、胎、濕、化的四類衆生。⑷結供：在供養時，當念諸佛賢聖，對我等的供養，無不悉知悉受。作此供養已畢，然後自食。⑸引證：如文可知。⑹釋疑：問：「旣都施與三寶，何得自食」？答：「當供養三寶時，卽已兼施衆生了；我身中有八萬蟲戶亦在衆生之數，自食爲使蟲得安樂，並非爲己。」八萬戶蟲，如前已釋。

△己二轉少爲多觀。

又復想一鉢之食，一一米粒，復成一鉢上味飲食；於彼一切鉢中，一一粒米，復成一鉢上味飲食。如是展轉出生，滿十方世界，悉是寶鉢盛滿上味飲食。作此想已，持此所想之食，施與一切衆生，令供養三寶四生等。作此想已，然後自食，令己身中諸蟲飽滿。

上文轉粗爲妙，是心想所作；今轉一爲多，亦是心想所作，故曰「又復」。向下文分爲三：⑴示變食：想一鉢食中的每一粒米，變成一鉢上味；彼一切鉢中的每一粒米，又成一鉢上味。這樣展轉出生，滿十方世界，都是寶鉢滿盛着上味飲食。⑵迴施供養：持此想變之食，迴施一切衆生，使之供養三寶四生，同起悲敬，以種福田。⑶結：作此想供旣畢，然後自食，令身中諸蟲，各得飽滿。

△戊二除貪觀。

若為除貪味之時，雖得好食，當想作種種不淨之物食之。而常知此好惡之食，悉是心作，虛相無實。何故得知？以向者鉢中好食，我作不淨之想看之，卽唯見不淨。卽都見不淨故，將知本時淨食，亦復如是是心所作。此是觀門。

「貪」為三毒之一的根本煩惱。衆生宿習，尤對好食美味，易起貪愛。故雖得好食，當想作不淨之物食之，以除此貪。怎知食之好惡，皆是心作？因為向來對鉢中的好食，若作不淨想來看，卽唯見不淨；故知本時淨食，亦是心作。既是心作，雖得好食，何不作不淨觀，以除貪毒呢？末句結曰「此是觀門」。

△丁二止門。

止門喫食者。當觀所食之味，及行食之人、能食之口、別味之舌等。一一觀之，各知從心所作故，唯是心相，有卽非有，體唯一心；亦不得取於一心之相。何以故？以心外無法能取此心相故，若有能取所取者，卽是虛妄，自體非有。此名止門。

此止門喫食，與前止門禮佛，事異而理同。「行食之人」就是食者的當人，猶如止門禮佛者的己身。當觀：所食之味、能食之人、納食之口、辨食之味，皆從心作，便不執以為實，即是分別性止。知彼唯是心相，有即非有，便不執以爲虛，即是依他性止。知彼體唯一心，亦不執取一心之相，便不橫執爲眞，即是眞實性止。當知心體絕待，一心之外，別無取此心相之法；若有能取所取，那便是能所相待的虛妄分別了。故曰「自體非有」。這就叫做止門。

△丙三明便利時止觀。分二：丁一正明。分二：戊一觀門。

凡大小便利，亦有止觀。所言觀者，當於穢處，作是念言：「此等不淨，悉是心作，有即非有。我今應當變此不淨，令作清淨。」即想此穢處，作寶池寶渠，滿中清淨香水，或滿酥酪。自想己身，作七寶身；所棄便利，即香乳酥蜜等。作此想已，持施一切衆生。即復知此淨相，唯是心作，虛相無實。是名觀門。

不了「諸法悉是心作，有即非有。」之旨，則心隨境轉：隨順境，轉起貪愛；隨逆境，轉起瞋恚。若了諸法悉是心作，有即非有，則境隨心變：變順境爲逆以除貪；變逆境爲順以除瞋。然則，前觀淨作不淨，爲除貪愛；今觀不淨爲淨，不用說是除瞋恚了。此大師教人作「便利」觀的本懷，不可不知。

大小便利，最爲不淨，故當變作清淨。文中列舉三變：一想溷厠穢處，變作寶池寶渠；滿中盡是香水酥酪。二想己身，變作七寶嚴身；所遺便利，即是香乳酥蜜。三想觀成，持此所變的香乳酥蜜，施與一切衆生。復知此相唯是心作，虛相無實。末句結曰「是名觀門」。

△戊二止門。

所言止門者：知此不淨之處，及身所棄不淨之物，唯是過去惡業熏心，故現此不淨之相可見。然此心相，有即非有，唯是一心，平等無念。即名止門。

知此的「此」字，指上文所謂的穢處，及身所棄的便利而言，謂：此無他，唯是過去世惡業熏心，心依熏變所幻現的不淨之相。此相既是心所幻現，則當體即空，故曰「有即非有」，即分別性止。本非生滅，故曰「唯是一心」，即依他性止。絕待平等不可思議，故曰「平等無念」，即眞實性止。末句結曰「即名止門」。

△丁二釋疑。分二：戊一正釋所疑。

問曰：『上來所有淨法、不淨法，雖是心作，皆由過去業熏所起，何得現世假想變之，即從心轉？』答曰：『心體具足一切法性，而非緣不起。是故溷中穢相，由過業而得現；寶池酥酪，無往緣而不發。若能加心淨想，即是寶池酥酪之業熏心，故淨相得生。厭惡之心，空觀之心，即是除滅不淨之緣，淨熏心故，穢相隨滅。此蓋過去之業，定能熏心起相；現世之功，亦得熏心顯妙用也。』

疑者不解「假想」卽「業熏」，「心轉」卽「心作」，及緣起生滅的轉變之理，所以才提出：『淨不淨法，旣是由過去的業力熏心所作；何得以現世的假想，從心轉變？』的問難。

答中分四：⑴明緣起義：雖心體具足一切染淨法性爲因；然非業緣熏心，却不能現起染淨諸法之果。故曰「非緣不起」。⑵「是故」下正示緣起：「過業」卽是「往緣」。染如溷中的穢相，淨如寶池酥酪，皆由過去世的業緣熏心，才得現起，故曰「無往緣而不發」。⑶「若能」下明隨緣熏轉：「加心」，就是加强假想心的緣力。若能加强觀門中的淨想（如說：我今應當變此不淨，令作淸淨。）就是寶池酥酪的業緣熏心，故淨相得生。若能加强止門中的厭惡之心（如說：唯是惡業熏心，現此不淨之相。）、空觀之心（如說：此相有卽非有。），就是除滅不淨之緣熏心，故穢相隨滅。⑷「此蓋」下結釋：過去的業緣，定能熏心現起淨、不淨相；現世的假想，也是業緣，難道不能熏心，顯現妙用，變淨爲不淨，不淨爲淨，以除貪瞋嗎？

△戊二例通諸法。分三：己一正釋成方便。

如此於大小便處，假想熏心而改變之。其餘一切淨穢境界，須如是假想熏心，以改其舊相，故得現在除去憎愛，亦能遠與五通爲方便也。然初學行者，未得事從心轉

，但可閉目假想爲之，久久純熟，卽諸法隨念改轉。是故諸大菩薩，乃至二乘小聖、五通仙人等，能得卽事改變，無而現有。

文分爲四：⑴學一例餘：以假想熏心，改變大小便利爲例；其餘的一切淨穢境界，亦應以假想熏心，改變其原有的舊相。⑵「故得」下正示方便：以變淨爲穢，變穢爲淨故：近而言之，能除現在愛憎——貪瞋煩惱；遠而言之，亦能與煩惱斷盡的五通，作前方便。⑶「然初學」下勸久修自成：初學止觀的行者，功力尚淺，未能事從心轉，不可悔退；但須閉目假想，久久熏修，至功力純熟，自能於一切法，隨念改轉了。⑷「是故」下舉證結成：如：十地諸大菩薩、二乘小聖、外道得五通的仙人等，他們都已修觀純熟，能使旣有之事，隨念改變；本無之事，隨念現有。

△己二釋不見之由。

問曰：『諸聖人等種種變現之時，何故衆生有見不見？』答曰：『由共相識故得見。由不共相識故不見。』

『何故諸聖人等作種種變現之時，衆生有的得見，有不得見？』此由不解「共、不共相識」所起的疑問。當知，若有衆生以淨業熏心，與諸聖人的神通變現之業相應，成共相識，方始得見。否則，便成不共相識，就不得見了。

△己三釋神通差別之故。

問曰：『菩薩神通與二乘神通，有何差別？』答曰：『二乘神通，但由假想而成。以心外見法，故有限有量。菩薩神通，由知諸法悉是心作，唯有心相，心外無法，故無限無量也。又菩薩初學通時，亦從假想而修，但卽知諸法皆一心作。二乘唯由假想習通，但言定力，不言心作。道理論之，一等心作，但彼二乘不知，故有差別也。』

菩薩神通，與二乘神通，大有差別。二乘神通，是有限量的，菩薩神通，沒有限量。爲什麼有這樣大的差別？案道理講，二乘與菩薩，都是由假想而修，又都是唯一心作，故曰「一等」。所不同者，菩薩知一切法，唯是一心，心外無法；二乘不悟一心，心外見法，所以與菩薩的神通，迥然有別。觀此是否悟得一心，隨成菩薩二乘的如此差別，可知南嶽大師「曲授心要」的本旨了。吾輩行人，可不以悟得一心，爲修學大乘止觀的不二妙門嗎？

國家圖書館出版品預行編目資料

大乘止觀法門啟蒙／普行法師著. -- 1 版. -- 新北市：華夏出版有限公司, 2022.06
面；　公分. -- (Sunny 文庫；218)
ISBN 978-986-0799-86-6(平裝)
1.天臺宗

226.42　　110020740

Sunny 文庫 218
大乘止觀法門啟蒙

著　作　普行法師
印　刷　百通科技股份有限公司
電話：02-86926066　傳真：02-86926016
出　版　華夏出版有限公司
220 新北市板橋區縣民大道 3 段 93 巷 30 弄 25 號 1 樓
電話：02-32343788　傳真：02-22234544
E-mail：pftwsdom@ms7.hinet.net
總 經 銷　貿騰發賣股份有限公司
新北市 235 中和區立德街 136 號 6 樓
電話：02-82275988　傳真：02-82275989
網址：www.namode.com
版　次　2022 年 6 月 1 版
特　價　新台幣　450 元 (缺頁或破損的書，請寄回更換)

ISBN：978-986-0799-86-6